KARIN SCHMID

Seite an Seite

KARIN SCHMID

Seite an Seite

KOSTBARE BEZIEHUNGEN LEBEN

Die Deutsche Nationalbibliothek verzeichnet diese Publikation in der Deutschen Nationalbibliografie; detaillierte bibliografische Daten sind im Internet über http://dnb.d-nb.de abrufbar.

Sofern nicht anders angegeben, wurde aus der *Neues Leben Bibel* zitiert. Copyright © 2006, SCM R. Brockhaus im SCM-Verlag GmbH & Co. KG, Witten. Hervorhebungen einzelner Worte oder Passagen innerhalb von Bibelstellen wurden von der Autorin vorgenommen.

ELB   Revidierte Elberfelder Bibel © 1985, 1991, 2006,
       SCM R. Brockhaus im SCM Verlag GmbH & Co. KG, Witten.
HFA   »Hoffnung für alle« ®, Copyright © 1983, 1996, 2002 by Biblia, Inc.™.
       Verwendet mit freundlicher Genehmigung des Brunnen Verlags Basel.
LUT   Lutherbibel, Revidierte Fassung von 1984,
       Copyright 1985 Deutsche Bibelgesellschaft Stuttgart.
SCH   Schlachter Bibelübersetzung, Copyright © 2000 Genfer
       Bibelgesellschaft.

Umschlaggestaltung: Peter Karliczek, www.j-k.de
Corporate Design: spoon design, Olaf Johannson
Lektorat: Gabriele Pässler, Christine Martin, Sonja Braune
Satz: Grace today Verlag
Digitaldruck: CPI – Clausen & Bosse, Leck
Printed in Germany

1. Auflage 2013
© 2013 Grace today Verlag, Schotten
ISBN 978-3-943597-55-4, Bestellnummer 371 755
Dieser Titel ist auch als eBook erschienen.

www.gracetoday.de

In Liebe für alle meine Freundinnen!

Inhalt

Vorwort

Wer möchte nicht als kostbare Perle bezeichnet werden, Perlenschmuck verschenken oder ihn selbst tragen?!

Im Gegensatz zur Perle, die durch das Eindringen eines Sandkorns oder eines Parasiten zusammen mit dem Perlmutt zu einer wertvollen, glänzenden Kostbarkeit geformt wird, können wir Menschen uns entscheiden, wie wir mit den Herausforderungen, Verletzungen und Irritationen in unserem Leben und unseren Beziehungen umgehen wollen.

Wir haben das Vorrecht zu wählen: Segen oder Fluch, Vergebung oder Verärgerung, sprudelnde Lebensfreude oder eiternde Wunden. Das, was uns zum Leben dient, oder das, was sich auf unsern Geist, unsere Seele und unseren Leib zerstörerisch auswirkt.

Karin Schmid gelingt es auf einfache, spannende Weise, ihre Beziehung zu Gott und Menschen und ihr Leben aus Gott so zu schildern, dass es überaus ansteckend wirkt.

Irritationen in Freundschaften, Ehen und Beziehungen müssen nicht zum Zerbruch führen. Sie können stattdessen ein Sprungbrett für neue Erfahrungen mit Gott und Menschen sein.

Ich bin davon überzeugt, dass die vielen persönlichen Beispiele der Autorin jeden ermutigen können, niemals aufzugeben. Sie hat auf ihrem Weg zur Reife erfahren, wie der Umgang mit dem Wort Gottes und das uneingeschränkte Vertrauen in einen liebenden Vater, der allein vollkommen ist, in ihr zu einem geistlichen Schatz wurden, den sie nun mit Freude weitergibt.

Die kostbare Perlenkette dieses Buches wird in vielen Herzen Hoffnung und Entschlossenheit bewirken, *Seite an Seite* mit einem Gott zu leben, der unaussprechlich mehr tun kann – über alles hinaus, was wir bitten oder verstehen.

Lilo Keller

Kapitel 1

Kostbare Perlen

Hast du schon einmal eine echte Perle gefunden und sie dann in deiner Hand bestaunt? Vielleicht weißt du, wie dieses Juwel entsteht. Ich persönlich bin wirklich fasziniert von der Entstehungsgeschichte einer Perle. Dieses Glanzstück entwickelt sich nämlich auf eine unglaublich eindrückliche Art und Weise – im Verborgenen einer Muschel. Zuerst dringt ein Fremdkörper, sei es ein Sandkorn oder ein Parasit, durch eine Verletzung der Muschel in ihr Inneres. Dort, tief im Zentrum der Muschel, verbindet sich der Fremdkörper mit dem Perlmutt und entwickelt sich zu einer kleinen Kugel. Nach und nach entsteht so eine wunderschöne, kostbare und wertvolle Perle – was für ein faszinierendes Naturereignis.

Eine Perle zu finden, sie in der Hand zu halten oder eine Perlenkette zu tragen, bringt uns zum Staunen. Gefühle der Freude und Schönheit durchströmen dabei unseren Körper. Zwar bringen Edelsteine mehr Geld ein als Perlen; aber für das Höchste, Edelste und Reinste kennen wir keinen ausdrucksvolleren Vergleich als die Perle.

Dieses Schmuckstück ist nicht nur kostbar, sondern auch edel, rein und schön. Genauso wertvoll wie Perlen sind kostbare Beziehungen. Seite an Seite können Menschen einen unglaublich wertvollen Schatz entdecken: Gemeinschaft.

In jedem Menschen ist eine tiefe Sehnsucht nach Gemeinschaft.

Menschen funktionieren unterschiedlich und haben verschiedene Interessen. Es gibt Leute, die lieben die Natur, andere interessieren sich für Kunst oder Medien und wieder andere verbringen ihre Freizeit auf dem Sportplatz. Doch etwas ist allen Menschen gleich: Jeder Mensch wünscht sich verbindliche und wohltuende Beziehungen. Insbesondere Frauen tragen den Wunsch in ihrem Herzen, Beziehungen zu schaffen und vor allem diese auch zu bewahren. In jedem Menschen ist eine tiefe Sehnsucht nach Gemeinschaft. Doch leider beobachten wir täglich, wie Beziehungen zerbrechen, sich Ehepaare scheiden lassen, Familien sich zerstreiten oder Menschen einander aus dem Weg gehen.

Gerade letzte Woche hatte ich einen Streit mit meinem geliebten Ehemann. Wir waren als Familie drei Stunden lang im Auto unterwegs. Die Unstimmigkeit begann mitten auf der Fahrt mit einer Bagatelle, und sie endete in einem verletzenden und verunsichernden Streitgespräch. Als es im Auto wieder ruhiger geworden war, sagte vom Rücksitz eine feine Kinderstimme: »Wollt ihr euch jetzt scheiden lassen?« Diese Frage erschütterte mein Herz und mir wurde bewusst, wie unpassend und egoistisch dieser Streit gewesen war. Unser Kind hatte erst einige Tage zuvor miterlebt, wie ein Schulfreund sich mit der Scheidung seiner Eltern abfinden musste.

Der schöne Familienurlaub, der romantische Grillabend oder der traumhafte Arbeitsplatz können in einem schwierigen Beziehungschaos enden. Verletzende Worte und gegenseitiges Unverständnis können unsere Gefühle für unsere Nächsten in Zorn, Bitterkeit und Rebellion verwandeln. Das Herz fängt an zu schmerzen und tiefe Trauer macht sich breit. So können Beziehungen immer schwieriger, kälter, komplizierter und unattraktiver werden und schließlich in einer Trennung enden.

Doch das Bild der Perle schenkt uns einen Hoffnungsschimmer. Die Entstehung jeder Perle beginnt mit der Verletzung der Muschel. Nur durch diesen Bruch können der Parasit oder das Sandkorn in das Innere der Muschel gelangen. Eine Perle kann also nur durch eine Verletzung und in Zusammenarbeit mit einem Parasiten entstehen. Und genau dieses Bild fasziniert mich. Wir Menschen sind keine perfekten Wesen. Jeder hat seine Fehler, seine Ecken und Kanten. Vielleicht sind wir manchmal mehr ein ekliger Parasit als ein liebevolles Gegenüber. Aber durch einen Parasiten kann eine Perle entstehen.

Genauso können sich verarmte oder verletzte Beziehungen in eine kostbare Perle verwandeln. Gott kann den Mangel, den wir als nicht perfekte Menschen mitbringen, durch Jesus Christus in eine wunderschöne Perle verwandeln. Dabei erreicht er sogar noch viel mehr. Er umhüllt uns Menschen nicht nur mit einer Schicht Perlmutt, sondern er erneuert uns komplett – äußerlich und bis tief in den Kern unseres Wesens hinein. Gottes Erneuerung ist für alle Ewigkeit perfekt, vollständig und unbezahlbar. Somit gibt es für jede Beziehung Hoffnung, weil die Kraft Gottes durch seinen Heiligen Geist übernatürlich positive Veränderungen vollbringt.

GOTT LIEBT BEZIEHUNGEN

Mit diesem Buch möchte ich dir aufzeigen, welche Grundlage für dein Leben wichtig ist, damit du Beziehungen aufbauen kannst, die wirklich edel, kostbar und wertvoll sind. In der Bibel lesen wir:

Zwei haben es besser als einer allein, denn zusammen können sie mehr erreichen. Stürzt einer von ihnen, dann hilft der andere ihm wieder auf die Beine. Doch wie schlecht steht es um den, der alleine ist, wenn er hinfällt! Niemand ist da, der ihm wieder aufhilft!
Wenn zwei in der Kälte zusammenliegen, wärmt

einer den anderen, doch wie soll einer allein warm
werden? Einer kann leicht überwältigt werden,
doch zwei sind dem Angriff gewachsen. Man sagt
ja auch: Ein Seil aus drei Schnüren reißt nicht so
schnell! (Prediger 4,9-10.12 HFA)

Diesen Worten zufolge liegt in der Gemeinschaft von Menschen Schönheit und Stärke. Seite an Seite können wir uns gegenseitig fördern, unterstützen und ermutigen. Wie schön ist es doch, wenn andere Menschen dir aufmerksam zuhören, dich liebevoll umarmen, dir ermutigende Worte zusprechen oder dich ganz praktisch unterstützen. Wenn dann diese menschliche Gemeinschaft auch noch aus Gottes Kraft gelebt wird, entwickelt sich diese Einheit zur genialsten Stärke, die Gemeinschaft auf dieser Erde erreichen kann. Um dies verständlicher darzustellen, gebraucht die Bibel das Bild von einem Seil aus drei Schnüren. Die dritte Schnur ist die alles übersteigende Macht Gottes, die in Beziehungen wirksam werden möchte.

Gott liebt Beziehungen und er will Gemeinschaft stärken. Er ist bereit, jeden von uns in unseren Beziehungen zu coachen und damit enorme Energie, Freude, Liebe und Kraft in die Gemeinschaft zwischen uns Menschen hineinzubringen. Wird eine Perle vom Licht beschienen, entdecken wir in ihr einen tiefen und wunderschönen Schein. Dieser Glanz resultiert aus einer Mehrzahl von Perlmuttschichten, die das Licht reflektieren und der Perle so Brillanz und Glanz verleihen. Genauso hat jede Gemeinschaft das Privileg, ihre Zweisamkeit von Gottes Liebe und Gottes Wort durchleuchten zu lassen. Durch die wunderbare Kraft von Gottes Licht können Beziehungen aufgebaut, wiederhergestellt und gestärkt werden.

DIE BEZIEHUNGSPYRAMIDE

Gott selbst lebt ständig in Beziehung. Gott Vater, sein Sohn Jesus Christus und der Heilige Geist bilden die Dreieinigkeit (Trinität). Die drei gehören zusammen und gemeinsam sind sie eins. In ihrer Unterschiedlichkeit liegt eine ergänzende Stärke und in ihnen vereint ist die allmächtige Kraft, die alles andere übersteigt, was in diesem Universum an Macht existiert. – Jesus hat gesagt:

> *Du sollst den Herrn, deinen Gott, lieben von ganzem Herzen, mit ganzer Hingabe und mit deinem ganzen Verstand! Das ist das erste und wichtigste Gebot. Ebenso wichtig ist aber das zweite: Liebe deinen Mitmenschen wie dich selbst. (Matthäus 22,37-39 HFA)*

Die Bibel beschreibt an dieser Stelle deine Beziehung zu Gott, zu dir selbst und zu deinen Mitmenschen. Die Grundlage für deine Beziehungsfähigkeit findest du allein bei Gott, der dir in seiner eigenen Beziehungsfähigkeit ein großes Vorbild sein möchte. Bei Gott findest du auch vollständige Annahme und eine tiefe Erfüllung deiner eigenen Bedürfnisse. Genau das hat einen großen Einfluss auf deine Fähigkeit, Seite an Seite mit anderen Menschen zu leben.

> Je stärker dein Fundament in dem dreieinigen Gott gegründet ist, desto mehr wirst du kraftvolle und übernatürliche Dinge mit deinem Gott erleben.

Als ich mit meinem Frauenteam die diesjährige Stuttgarter »Love your Life – Ladies Conference« vorbereitete, zeigte uns der Heilige Geist ein Bild zum Thema »*Seite an Seite*«. Wir waren gerade dabei, auf den Bibelvers zu hören, den du gerade gelesen hast. Unabhängig voneinander sahen zwei Frauen eine große Pyramide. Die eine Pyramide war in horizontale Beziehungsfelder eingeteilt. Als Grundlage stand auf dem untersten Feld: Dreieiniger Gott. Auf dem darüber liegenden Feld folgte die Beziehung zu uns selbst und erst im oberen Teil der Pyramide folgten die Beziehungen zu anderen Menschen – den Eltern, dem Ehemann, den Kindern, den Freunden, der Schwiegermutter und den Nächsten.

Diese Pyramide ist ein starkes Bild, das mir sehr gut gefällt. Deine Beziehung zu Gott, Jesus und dem Heiligen Geist bildet die Grundlage, auf der du deine Beziehung zu dir selbst aufbauen kannst. Daraus erwächst dir eine unglaubliche Stärke, in der du die Beziehungen zu anderen Menschen wohltuend leben und erleben kannst. Gott möchte in deinem Leben nicht einfach nur ein bisschen dabei sein oder so dazustoßen. Gott, als die tief verankerte Grundlage, liebt es, deinem Leben Stabilität und Beziehungsfähigkeit zu schenken.

Wenn deine Beziehungen immer wieder schwierig werden, dann ist es für dich enorm wichtig, zuerst die Grundlage aller Beziehungen zu stabilisieren und zu stärken. Je mehr du in Gottes Liebe verwurzelt bist, desto mehr hat Gott die Chance, aus deinem Inneren direkt in deinen Alltag und in deine Beziehungen hineinzuwirken. Je stärker dein Fundament in dem dreieinigen Gott gegründet ist, desto mehr wirst du kraftvolle und übernatürliche Dinge mit deinem Gott erleben. Und genau dies wird deine Beziehungen unermesslich segensreich beeinflussen. Ich wünsche dir, dass du mit den folgenden Kapiteln Gott ganz neu erlebst und in deiner Beziehungsfähigkeit neu motiviert und gestärkt wirst. Gott segne dich!

Kapitel 2

....

Seite an Seite

MIT GOTT DEM VATER

Was kommt dir in den Sinn, wenn du über Gott nachdenkst? Wie würdest du deine Beziehung zu Gott beschreiben? Ist er für dich ein liebender Gott? Oder vielleicht eher ein strafender Gott? Ein Gott, der dich vergessen hat? Welche Fragen würdest du Gott stellen, wenn du ihm in die Augen sehen könntest?

Jeder Mensch hat seine eigenen Lebenserfahrungen. Vielleicht hast du schon viel über Gott gehört. Oder du hast bereits einige übernatürliche Erfahrungen mit ihm gemacht und auch schon viele Christen und Kirchengemeinden kennengelernt. Vielleicht wurdest du christlich erzogen und dies hat in dir eine bestimmte Prägung hinterlassen. Oder kann es sein, dass du manchmal eher traurig als fröhlich gestimmt bist, wenn du an deine Beziehung zu Gott denkst? In diesem Kapitel möchte ich dir aufzeigen, wer Gott ist und wie er dich als Persönlichkeit sieht.

Wenn unsere Kinder abends ins Wohnzimmer kommen und mein Mann Dan gerade eine kleine Pause auf dem Sofa macht, dann leuchten die Kinderaugen. Sie nutzen ihre Chance sofort und legen sich genauso auf das Sofa, dass ihr Kopf auf dem Schoß ihres »Daddys« landet. In gemütlicher Rückenlage erzählen sie dann ihrem Vater, was sie tagsüber alles erlebt haben. Mein Mann legt seine Hand auf ihren Kopf und streichelt sie minutenlang übers Haar. Die Kinder lieben und genießen diese Momente mit ihrem Vater.

Wer Gott vertraut, erfreut sich seiner besonderen Aufmerksamkeit.

Dieses Bild fasziniert mich immer wieder neu. Wie wohltuend ist es doch, wenn uns jemand über den Kopf streichelt, uns Aufmerksamkeit schenkt und unseren Erzählungen einfach zuhört. In der Bibel lesen wir:

Unser Gott hält seine schützende Hand über allen, die ihm vertrauen. (Esra 8,22 HFA)

Gott hält seine Hand über den Menschen, die ihn ernst nehmen. Liebevoll und verständnisvoll hält er seine mächtige Hand auch über dir. Er hat großes Interesse daran, für dich da zu sein, dir zuzuhören und einfach verständnisvoll auf dein Wohlergehen zu achten. Er ist nicht ein Gott, der ständig mit erhobenem Zeigefinger vor dir steht und dich verurteilt. Dieses Bild mag dir vielleicht in früheren Zeiten vermittelt worden sein. Aber Gott ist anders. Egal wie du heißt, welchen Beruf du erlernt hast oder aus welcher Familie du stammst – er hält seine Hand über dir. Wer Gott vertraut, erfreut sich seiner besonderen Aufmerksamkeit.

Gott ist ein Gott der liebevollen Beziehung. Er wünscht sich nichts mehr, als Seite an Seite mit dir durch den Tag zu gehen. Es heißt in der Bibel:

Gott ist Liebe. (1. Johannes 4,16 HFA)

Sein ganzes Wesen ist wohltuende Liebe. Gott hat nur gute Pläne für uns Menschen, er hat nur Gutes mit uns vor. Er ist die perfekte Liebe, einfach weil er selbst fehlerlos und heilig ist. In der Bibel heißt es weiter:

Wir wollen lieben, weil Gott uns zuerst geliebt hat. (1. Johannes 4,19 HFA)

Gott hat dich zuerst geliebt. Bevor du überhaupt nur den allerersten, klitzekleinsten Gedanken an Liebe hattest, hat dich Gott bereits geliebt. Das bedeutet für dich, du brauchst dich nicht anzustrengen oder irgendeine Leistung zu erbringen, damit Gott dich liebt.

Du kannst dir Gottes Liebe auch gar nicht verdienen. Denn er hat dich bereits geliebt. Du brauchst Gott auch rein gar nichts vorzuweisen, denn auch deine allerbesten Taten werden die Liebe Gottes zu dir nicht verändern. Gott liebt dich, wenn du gerade die beste Entscheidung deines Lebens getroffen hast. Er liebt dich aber auch genauso, wenn du deine schlechteste Entscheidung gefällt hast. Gott hat dich zuerst geliebt und er wird dich immer lieben, weil seine Liebe niemals aufhört. Und weil er es so will.

ALLWISSEND UND ALLMÄCHTIG

Gott ist nicht nur die perfekte Liebe, er ist auch allwissend und allmächtig. Der Allmächtige lebt nicht innerhalb der Zeit wie wir Menschen. Du lebst auf dieser Erde für eine begrenzte Zeit. Aber Gott steht außerhalb der Zeit. Das heißt: Er weiß alles, was auf dieser Erde jemals geschah, was jetzt im Moment stattfindet und er weiß auch alles, was in Zukunft passieren wird. Er hat dich bereits gesehen, als du noch nicht geboren warst. Davon spricht die Bibel im Buch Jeremia und in den Psalmen.[1] Gott ist immer noch viel größer und mächtiger, als du es dir jemals vorstellen kannst. Er kann wesentlich mehr tun, als du dir jemals denken und vorstellen kannst. Die Bibel lehrt uns:

---

1 Jeremia 1,5; Psalm 139,15-16.

*Gott aber kann viel mehr tun, als wir jemals von
ihm erbitten oder uns auch nur vorstellen können.
(Epheser 3,20 HFA)*

Der Allmächtige hat ein ganz anderes Denken und Handeln als du und ich. Um das zu verstehen, hilft dir vielleicht dieses Bild. Ein Freund von uns, Christof, hat kürzlich darüber gepredigt: Internet, iPhone, iPad usw. sind Teil unseres Alltags geworden. Jetzt stell dir mal vor, du müsstest einem Menschen aus dem Mittelalter mit den Begriffen von damals erklären, wie das Internet oder dein iPhone funktionieren! Der Typ aus dem Mittelalter hätte die größten Schwierigkeiten, das zu verstehen. Genauso können wir nicht wirklich in göttlichen Dimensionen denken und handeln. Gott ist heilig, perfekt und ohne jeden Fehler. Aus diesem Grund steht Gott weit über uns Menschen. Somit sind unserem Denken und Handeln gewisse Grenzen gesetzt. Aber wir haben das Wort Gottes, dadurch können wir Jesus sehen und auch die Wunder Gottes. Genau darin können wir erkennen, wer Gott wirklich ist.

EIN GEGENÜBER

Was hat es nur mit der Beziehungsfähigkeit auf sich? Warum ist das manchmal so schwierig? Schauen wir doch mal in der Bibel nach. Am Anfang lesen wir dort, wie die

Erde entstanden ist. Gott schuf aus dem Chaos das Land, das Wasser, die Tiere, die Pflanzen und die Menschen. Interessant ist, dass Gott bei der Erschaffung von Mann und Frau ganz unterschiedlich vorging: Der Mann wurde aus Erde angefertigt und die Frau wurde aus einer Rippe des Mannes kreiert. Kein Wunder, dass Frauen und Männer total verschieden sind. In der Bibel lesen wir:

> *Da ließ Gott, der Herr, einen tiefen Schlaf über ihn [**Adam**] kommen, entnahm ihm eine Rippe und verschloss die Stelle wieder mit Fleisch. Aus der Rippe formte er eine Frau und brachte sie zu dem Menschen. (1. Mose 2,21-22 HFA)*

Wow, die Frau wurde aus einer Rippe geformt. Gott wählte eine spezielle Art und Weise, um die Frau zu erschaffen. Beachtenswert ist an dieser Stelle, dass Eva zuallererst Gott kennenlernte und nicht Adam. Denn während der Erschaffung der Frau schlief Adam. Erst nachdem Gott die Frau erschaffen hatte, brachte er sie zu Adam. Das bedeutet: Evas allererste Beziehung war die zu Gott. Als sie ihre Augen öffnete, schaute sie als Erstes dem lebendigen Gott in die Augen.[2] Sie klammerte sich nicht als Erstes an Adam fest, sondern hatte ihren ersten Blickkontakt mit Gott. Somit fand sie ihre Identität in Gott.

In der Bibel heißt es:

---

2 Perry Noble, Podcast »*Adam and Eve*«. New Spring Church, Anderson (USA).

Da sprach Gott: »Wir wollen Menschen schaffen nach unserem Bild, die uns ähnlich sind.« (1. Mose 1,26a)

Gott hat uns Menschen als geniales und wertvolles Gegenüber des dreieinigen Gottes (Vater, Sohn und Heiliger Geist) geschaffen. Er hat dich und mich nur wenig geringer gemacht als Engel sowie mit Herrlichkeit und Pracht gekrönt (Psalm 8,6).

Gott ist ein Gott der liebevollen und kostbaren Beziehung. Er hat sich die Menschen als Gegenüber geschaffen und somit auch als Gesprächspartner. Er wollte *face to face* (von Angesicht zu Angesicht) mit uns kommunizieren. Das bedeutet: Gott sehnt sich nach einer kostbaren Beziehung mit dir. Er wünscht sich nichts mehr, als dass ihm zuallererst deine Aufmerksamkeit gehört. Unsere Beziehungen zu Menschen sind uns wichtig. Wir telefonieren mit Freunden, wir schreiben Nachrichten über Facebook oder besuchen unsere Verwandten. Klar, Beziehungen zu Menschen sind wichtig und wenn wir sie pflegen, werden sie für uns immer wertvoller. Aber was ist mit deiner Beziehung zu Gott? Wie wichtig ist dir die Beziehung zu dem dreieinigen Gott?

Vielleicht fragst du dich jetzt, wie du denn zu diesem allmächtigen Gott eine so innige Beziehung aufbauen kannst? Wie soll das überhaupt funktionieren? Vielleicht bist du schon lange ein gläubiger Christ und du gehst Sonntag für Sonntag in die Gemeinde, aber deine Beziehung zu Gott ist irgendwie fern geworden, wie auf

Sparflamme, und du sehnst dich nach einer tieferen Beziehung, die wirklich positive und übernatürliche Auswirkungen auf deinen Alltag hat.

Um deine Beziehung zu Gott zu vertiefen, solltest du Gott immer besser kennenlernen. Du musst wissen, mit wem du es zu tun hast. Früher ging ich regelmäßig in die Gemeinde und ich liebte Jesus in meinem Herzen. Damals war es mir wichtig, als Christ möglichst keine Fehler zu machen und im Reich Gottes auch möglichst gute Leistung zu erbringen. Nur so konnte das Leben gesegnet sein – meinte ich jedenfalls. Falls dann der Segen ausblieb, musste man darüber nachdenken, was man denn schon wieder alles falsch gemacht hatte. Ich habe den Eindruck, dass es vielen Christen so geht: Sie leben ihr Christsein unter einem ständigen Druck und sind vom Leistungsdenken geprägt. Sie haben in dem dreieinigen Gott noch nicht die vollständige Freiheit und seine alles übersteigende Gnade gefunden.

VATER DER GANZEN WELT

In der Bibel lesen wir:

Ich kann nur meine Knie beugen vor Gott, dem Vater, dem Vater von allem, was im Himmel und auf der Erde ist. (Epheser 3,14-15)

Gott ist der Vater von allem, was auf der Erde und im Himmel ist. Es gibt keinen mächtigeren und größeren Vater als den Gott, der Himmel und Erde erschaffen hat. Stell dir einmal ganz bewusst vor, dass es tatsächlich keinen mächtigeren Vater gibt als Gott!

Mein leiblicher Vater vermittelte mir ein sehr gutes Vaterbild. Selbstverständlich musste mein Vater viel zur Arbeit wegfahren und war beschäftigt mit Geldverdienen oder damit, den Garten in Ordnung zu halten. Und doch hatten meine Eltern immer auch Zeit, ihrer Tochter zuzuhören. Sie interessierten sich für mich und dafür, wie es mir ging. Es war ihnen ein großes Anliegen, dass es ihren Kindern gut ging.

Wenn mein Vater von der Arbeit nach Hause kam und erfuhr, dass ich überraschend krank geworden war, schaute er als Erstes in mein Zimmer und sagte: »O, bist du krank? Wie geht es dir?« Es war ihm wirklich wichtig zu wissen, wie es mir geht. Oder: Wenn ich nachts unterwegs war, wurde ich immer von meinen Eltern abgeholt. Sie kümmerten sich um mich.

Das stärkste Bild, das ich von meinem Vater in Erinnerung habe, stammt vom Bahnhof. Ich war damals auswärts in der Ausbildung. Weil ich so schreckliches Heimweh hatte, fuhr ich überraschend für einen Tag nach Hause. Am Abend brachte mich mein Vater wieder zum Bahnhof und spürte meine traurigen und ängstlichen Gefühle. Bei der Abfahrt schaute ich aus dem Fenster. Da stand mein Vater am Bahnsteig und winkte.

Er blieb solange stehen, bis die Bahn aus seinen Augen verschwunden war. Dieser Anblick war damals wie Balsam für meine Seele. Ich wusste, mein Vater ist für mich da, er begleitet mich in schwierigen Situationen und er wartet zu Hause, bis ich wiederkomme.

Dieses Bild verwurzelte sich tief in meinem Herzen. Darum fällt es mir bis heute leicht, auch Gott als einen Vater zu sehen, der einfach immer da ist. Ich bin davon überzeugt, dass mir dieses positive Vaterbild in den schwierigsten Zeiten meines Lebens eine großartige Hilfe war. In meinem Buch »Aufstehen ist göttlich« schreibe ich über die schrecklichsten Momente meines Lebens. Aber auch in jener Situation wusste ich tief in meinem Herzen: Gott ist Seite an Seite bei mir und er lässt mich nicht im Stich. Damals erwies sich Gott wirklich als mein zuverlässiger Vater im Himmel.

Vielleicht bist du selbst ein Vater von Kindern. Dann denke doch einmal darüber nach, welches Vaterbild du deinen Kindern vermittelst. Bist du ein Vater, der Zeit hat und sich für die Anliegen der Kinder interessiert? Deine Berufsausbildung oder dein Gehalt spielen dabei keine Rolle. Wichtig ist, dass du dir für deine Kinder Zeit nimmst und sie spüren lässt, dass sie dir wirklich wichtig sind.

Mein Vater arbeitete viele Jahre als Lkw-Fahrer. Als Kind war es für mich das Größte, wenn ich ihn einen Tag lang bei der Arbeit begleiten durfte. Dazu musste ich frühmorgens um 3 Uhr aufstehen und dann waren wir acht Stunden mit dem Lkw unterwegs. Mein Vater war ein sehr zuvorkommender und freundlicher Lkw-Fahrer. Mit unserem Truck waren wir die Größten auf der Straße und daran hatten wir sehr viel Spaß. Mein Bruder hatte sogar einen Aufkleber aufgebracht: *king of the road* (König der Straße)! Genau das war unser Motto. Es gab für mich nichts Größeres, als in der Fahrerkabine zu sitzen – Seite an Seite mit meinem Vater – und zu dieser Königsfamilie zu gehören. Denn auf diesen Fahrten hatte mein Vater stundenlang Zeit, nur für mich. Er brachte mir vieles bei – über die Natur, den Straßenverkehr und vieles mehr. Gleichzeitig war unser Lkw gefüllt mit Milchprodukten und somit brachten wir vielen Menschen gesunde Nahrung. Diese Erlebnisse mit meinem Vater schenkten mir viele gute Gefühle und vermittelten mir ein positives Vaterbild. Dafür bin ich meinem Vater von Herzen dankbar.

Gott ist der Vater der ganzen Welt und der Vater aller Menschen. Er ist nicht nur der König der Straße, sondern der König der Könige. Und zu genau dieser Königsfamilie kannst auch du gehören. Gott selbst bietet dir seine wirklich wunderschöne und bereichernde Vaterschaft an. Jeder Mensch hat die Möglichkeit, mit dem Vater im Himmel in Kontakt zu sein und dadurch reich beschenkt zu werden.

VATERLOS?

Vielleicht hast du deinen irdischen Vater ganz anders erlebt. Möglicherweise hattest du einen Vater, der total passiv war und sich keine Zeit für dich nahm. Oder vielleicht musstest du ständig gute Leistungen erbringen, um von deinem Vater geliebt zu werden oder Anerkennung zu bekommen. Vielleicht hat dich dein Vater gar missbraucht, verbal oder sexuell. Dann kann es dir schwerfallen, in Gott einen guten und liebenden Vater zu sehen, weil du ihn mit deinem leiblichen Vater vergleichst. Vielleicht hat dein Vater dich auch in früher Kindheit verlassen, deine Eltern haben sich scheiden lassen oder dein Vater starb viel zu früh und du hättest ihn wirklich noch gebraucht. Dieser Verlust hat in deinem Leben tiefe Spuren hinterlassen. Du hast vielleicht das Gefühl, nicht viel wert zu sein oder nicht würdig, von deinem Vater geliebt und beachtet zu werden.

Kürzlich erwähnte mein Mann in seiner Predigt eine Statistik über die vaterlose Gesellschaft: 90 % aller Häftlinge haben bzw. hatten keine persönliche Beziehung zu ihrem Vater. 63 % aller Menschen, die sich selbst das Leben nehmen, kommen aus vaterlosen Familien. 90 % aller, die von zu Hause flüchten, kommen aus vaterlosen Familien. 85 % aller verhaltensauffälligen Kinder sind aus vaterlosen Familien. 80 % aller Vergewaltiger stammen aus vaterlosen Familien. 71 % aller, die das Studium abbrechen, kommen aus vaterlosen Familien.[3]

Jeder Mensch sehnt sich nach einem liebevollen Papa. Allerdings kann sich keiner aussuchen, ob sein leiblicher Vater für ihn da ist und sich wirklich liebevoll um ihn

---

3 Statistics.com

kümmert oder eben nicht. Mein Großvater beispielsweise musste als Vierjähriger von seinem Vater Abschied nehmen, weil dieser sehr früh starb. Davon habe ich bereits in meinem Buch »Aufstehen ist göttlich« erzählt.

Einen herzlichen und liebeswürdigen
Vater zu kennen, schenkt
Geborgenheit und Sicherheit.

Ich kenne viele Menschen, die keinen irdischen Vater haben, der sie wirklich liebt. Aber ich weiß ganz sicher: Der Vater im Himmel ist für jeden Menschen der perfekte Vater, weil er selbst die Liebe ist. Wenn dein irdisches Vaterbild jedoch negativ ist, kann es für dich sehr schwierig sein, dem himmlischen Vater zu vertrauen. Darum ist es entscheidend wichtig, dass du dieses negative Bild ersetzt. Denn dein irdischer Vater ist nicht Gott. Dein Vater im Himmel ist total anders. Er ist perfekt und voller Liebe. Darum möchte ich dich ermutigen: Vergleiche Gott nicht mit deinem irdischen Vater, sondern lass dich auf Gott als deinen Vater ein und entdecke seine Liebe zu dir! Mir ist klar, dass es herausfordernd ist, weil dabei viele Gefühle mitspielen. Deine Empfindungen reden dir vermutlich ein, du seist wertlos und unwichtig. Aber in Wirklichkeit ist Gott vollkommen anders. Er sieht dich als wertvolle Persönlichkeit. Gott ist ein gutherziger Vater, der dich liebt.

Im allmächtigen Gott hast du den allerbesten Vater. – In der Bibel lesen wir dazu:

Wenn selbst Vater und Mutter mich verlassen, wird doch der Herr mich aufnehmen. (Psalm 27,10)

Da ist ein Gott, ein Vater im Himmel, der dich jederzeit aufnimmt. Allezeit ist Gott für dich da und nimmt sich die Zeit, um dir zuzuhören, mit dir zu sprechen und dir Gutes zu tun. Du hast einen perfekten Vater im Himmel. Nimm dieses Geschenk in deinem Herzen an! Einen herzlichen und liebeswürdigen Vater zu kennen, schenkt Geborgenheit und Sicherheit.

GANZ ANDERS

Gott ist so ganz anders als alle Väter der Welt. Er ist der vollkommene Vater und er ist voller Liebe. Er nennt die Menschen seine Kinder. Das bedeutet: Du bist seine kostbare Tochter, sein geliebter Sohn. Die Bibel zeigt uns:

Seht, wie viel Liebe unser himmlischer Vater für uns hat, denn er erlaubt, dass wir seine Kinder genannt werden – und das sind wir auch! (1. Johannes 3,1)

Stell dir das mal vor! Gott hat seine eigene Familie und du kannst dazugehören. Gott ist der König des ganzen Universums und alle, die mit ihm in Beziehung leben, sind Teil dieser königlichen Familie.

Vielleicht bist du verheiratet oder hast schon Kinder. Dann denke immer daran, deine Frau und deine Töchter sind in erster Linie Töchter Gottes! Wenn du einen Ehemann oder Söhne hast, dann sind diese Männer in erster Linie Söhne Gottes. Sie gehören zu der Königsfamilie. Und über jedes seiner Kinder sagt Gott in der Bibel:

Sieh, ich habe dich in meine Handflächen gezeichnet. (Jesaja 49,16)

Es gibt also ein sichtbares Zeichen dafür, dass du wirklich zu Gott gehörst: Gott hat deinen Namen wie ein Tattoo in seine Hand eingraviert. Gott ist ein leidenschaftlicher Gott. Er kämpft täglich um dein Herz, weil er dich liebt. Gott möchte sich jederzeit um dich kümmern und für dich da sein. In der Bibel lesen wir:

Denn ich bin der Herr, dein Gott, der deine Rechte ergreift, der zu dir spricht: »Fürchte dich nicht!« (Jesaja 41,13 ELB)

Gott gibt dir seine Hand. Das ist keine kleine, zerbrechliche Hand, sondern die allmächtige Hand Gottes. An seiner Hand darfst du dich sicher fühlen. Selbst wenn unser Erdball oder unsere Beziehungen manchmal ins Wanken kommen und krasse Dinge geschehen, darfst du dich bei Gott doch in ewiger Sicherheit wissen.

Zurzeit haben wir eine junge Hasenfamilie in unserem Hasenstall vor dem Haus. Mama und Papa Hase ziehen gemeinsam fünf kleine Hasenkinder groß. Der Hasenvater ist sehr besorgt um seine Jungmannschaft. Sobald das Essen im Stall ausgeht, trommelt er mit seinen Hinterpfoten auf den Stallboden – richtig laut, sodass ich es im Haus hören kann. Dann weiß ich Bescheid. Wann immer er dies tut, erinnere ich mich an »Klopfer«, den Hasen aus der Geschichte von Bambi. Das Klopfen hat positive Auswirkungen, denn es dauert nicht lange und ich stehe mit frischen Karotten am Hasenstall. Sie bekommen alles, was sie gerade brauchen. Dann schauen mich die fünf knuffigen Schlappohr-Kinderhasen mit ihrem süßen Blick an, als würden sie einfach nur Danke sagen.

Dieses Bild berührt mein Herz. Der Hasenvater kümmert sich um seine Kinder. Und genau so ist Gott. Er ist dein himmlischer Vater, der dich jeden Tag mit allem Nötigen versorgen möchte. Es ist ihm ein großes Anliegen, dass es dir gut geht und dass du genug hast!

ZUVERLÄSSIG

In der Bibel lesen wir, dass Gott versprochen hat:

Mehr noch, ich werde bei dir sein und dich beschützen, wo du auch hingehst. Ich werde dich in dieses Land zurückbringen. Ich werde dich nie im Stich lassen und stehe zu meinen Zusagen, die ich dir gegeben habe. (1. Mose 22,15)

Dein Vater im Himmel ist absolut zuverlässig! Niemals würde er dich im Stich lassen, er würde nie an dir vorbeifahren, wenn du am Straßenrand stehst. Er würde nie einen Termin mit dir verpassen. Ständig ist er an deiner Seite. Darum nimm doch auch du Kontakt mit ihm auf und sei ständig mit ihm im Gespräch!

John ist ein guter Freund von uns. Er erzählte mal, dass er sich den Wecker stellt, um während des Tages Gott nicht zu vergessen. Jeder Klingelton, jede Vibration erinnert ihn dann daran, dass Gott mit ihm in Kontakt sein möchte. Diese Idee finde ich genial. Wie oft sind wir doch in Gedanken verstrickt, mit unserer Arbeit beschäftigt oder leben gleichgültig in den Tag hinein. Was auch immer der Grund ist: Wir vergessen, mit Gott zu sprechen oder auf ihn zu hören. Möchtest du das auch tun, einen Wecker stellen, der dich immer wieder daran erinnert, dass Gott an deiner Seite ist? Die Bibel lehrt uns:

*Die mit einem festen Sinn umgibst du mit Frieden,
weil sie ihr Vertrauen auf dich setzen! (Jesaja 26,3)*

Wer in Gedanken bei Gott ist, der kann in vollkommenem Frieden leben. Manchmal erleben wir Gott nur deshalb nicht, weil wir ihn schlicht und einfach vergessen. Jeden Tag gibt es Dinge im Leben, die uns den Frieden mit Gott und unseren Mitmenschen rauben wollen. Plötzlich kann ein negativer Gedanke über eine Person oder ein überraschendes Geschehnis dermaßen Besitz von uns ergreifen, dass wir uns nur noch auf dieses eine Problem konzentrieren. Wie eine Spirale zieht uns dieses Negative dann nach unten und das nur, weil wir die falsche Perspektive haben.

LEBENSWAHRHEIT

Lass dich ermutigen, deine Gedanken auf Gott auszurichten! Denke bereits am frühen Morgen an ihn und schöpfe Kraft aus dieser Beziehung! Dabei denke ich nicht an ein möglichst zeitintensives Meeting. Ich meine vielmehr die ersten Gedanken des Tages. Früher pflegte ich eine andere Beziehung zu Gott als heute, weil ich es einfach so gelernt hatte. Man machte seine »Stille Zeit«. Oft ratterte ich meine Bibelverse und mein Gebet einfach nur herunter, damit ich es abhaken konnte. Wenn ich dann mal eine Woche lang die »Stille Zeit« vergessen hatte, hatte ich ein unglaublich schlechtes Gewissen. Ich fühlte mich als schlechter Christ, dessen Punktzahl gerade im Minus stand.

In meiner *Stillen Zeit* hatte ich damals nicht so viele tiefe Begegnungen mit Gott. Diese Beziehung war zwar bereichernd, aber irgendwie auch anstrengend. In der Zwischenzeit habe ich entdeckt, wie viel mehr Leichtigkeit in der Beziehung mit Gott liegt. Gott hält für uns so viel übernatürliche Kraft und Stärke bereit, wenn wir ihm begegnen. Ebenso wünscht er sich und uns eine entspannte Liebesbeziehung; diese kann nicht auf unserer Leistung beruhen, sondern wir dürfen sie vielmehr aus dem Blickwinkel seiner Gunst für uns heraus leben.

In der Bibel lesen wir in Epheser 1,8: »In seiner Liebe beschenkt er uns mit Weisheit und Erkenntnis.« In deiner Beziehung zu Gott liegt eine großartige Power – und das ist ein Geschenk deines liebenden Vaters an dich! Du kannst darin echte göttliche Weisheit finden, die dir im Alltag und in besonderen Situationen sehr hilfreich ist. Wie oft stehen wir doch vor Entscheidungen, und nicht immer kennen wir den richtigen Weg oder die vielen Entscheidungen überfordern uns einfach: zu viele auf einmal, und wir können die Konsequenzen nicht überblicken. Fragen der Partnerwahl, die Wahl des Berufes, der Geschäftsalltag oder der Umgang mit anderen Menschen können uns ganz schön in die Enge treiben.

Täglich haben wir viele Entscheidungen zu treffen, und genau da will Gott uns Hilfe und Kraft geben. Die bekommen wir aus der Beziehung zu ihm heraus. Er hat Erkenntnis und Weisheit für dich bereit. Gottes Liebe zu dir ist so stark, dass er dich ständig mit seinem Segen beschenken möchte. Du hast Zugang zu Gottes himmlischer Welt. Gott zu begegnen, das ist keine Pflichtübung, die uns besser macht oder um Gott zufriedenzustellen. Vielmehr findest du in der Beziehung zu Gott einen liebevollen Vater, der dir wohltuende Hilfe und übernatürliche Stärke schenkt.

> Kein Mensch kann irgendetwas von dieser Erde mit ins Grab nehmen, aber die Beziehung zu Gott bleibt für immer.

Früher investierte ich mich leidenschaftlich in den Kindergottesdienst. Ich liebte meine Gruppe von drei- bis siebenjährigen Kindern, die mir jede zweite Woche zuhörten, wenn ich ihnen eine Geschichte aus der Bibel erzählte. Einen Jungen mochte ich besonders gern. Er war damals fünf Jahre alt. Ich kann mich noch gut erinnern, wie ich im Kindergottesdienst fragte: »Was ist denn das Wichtigste im Leben?« Der kleine Junge streckte sofort seinen Arm in die Luft. Mit leuchtenden Augen gab er seine Antwort, sie kam aus tiefstem Herzen: »Das Wichtigste im Leben ist Beten!« Was für eine wunderschöne

Antwort von einem kleinen Jungen. Ein paar Tage später kam er bei einem tragischen Unfall ums Leben. Seine letzten Worte im Kindergottesdienst klingen mir bis heute in den Ohren: »Das Wichtigste im Leben ist Beten.« Dieser kleine Junge hat in seinem kurzen Leben das Entscheidende begriffen. Das Wichtigste ist die Beziehung zu Gott. Am Ende unseres Lebens ist diese Beziehung entscheidend. Kein Mensch kann irgendetwas von dieser Erde mit ins Grab nehmen, aber die Beziehung zu Gott bleibt für immer. Es gibt nichts Größeres, als eine tiefe Sehnsucht nach der Nähe Gottes im Herzen zu spüren und sie von Gott erfüllen zu lassen, denn Gott ist ewige Liebe.

Gott ist ein Gott der Beziehung. Je mehr du diesen allmächtigen Gott suchst, desto mehr wird er sich dir zeigen. In der Bibel heißt es in Jeremia 33,3: »Rufe mich, dann will ich dir antworten und will dir gewaltige und unglaubliche Dinge zeigen, von denen du noch nie gehört hast.« Gott Vater möchte in enger Beziehung mit dir sein. Er wünscht sich, dass du sein Verbündeter wirst. Ich stehe oft am Fenster und schaue in den Himmel. Dann rede ich mit Gott und sage ihm: »Ja genau, du bist da! Du sitzt da oben im Himmel und doch bist du durch Jesus Christus direkt in meinem Herzen und somit auch an meiner Seite!« Ich spreche mit Gott, als wäre er mein engster Freund.

Weißt du, Gott ist nicht kompliziert – du kannst mit ihm ganz einfach ins Gespräch kommen. Er hat Zeit für dich und er versteht dich. Je mehr Zeit du mit ihm verbringst, desto mehr wird er sich dir offenbaren. Im Leben ist es doch auch so, dass wir einem guten Freund mehr anvertrauen als einem Nachbarn, den wir nur flüchtig kennen. Genauso ist es in deiner Beziehung zu Gott. Je mehr du ihn als liebenden Gott erkennst und je mehr du dich in seine Arme fallen lässt, desto mehr wirst du krasse Dinge mit ihm erleben.

Je mehr du diesen allmächtigen Gott suchst, desto mehr wird er sich dir zeigen.

Gott sucht dich als einen seiner Verbündeten. Er möchte mit dir kommunizieren und sich dir immer mehr zeigen. Vielleicht denkst du jetzt: »Ach was, Gott hat doch kein Interesse an mir.« Aber genau das ist eine Lüge von Satan. Er schafft es immer wieder, Lügen zu verbreiten und uns Menschen negativ zu beeinflussen. Aber genau mit dir möchte Gott enge Gemeinschaft haben. Er hat dir täglich etwas zu sagen und er ist bereit, dich immer mehr ins Vertrauen zu ziehen.

DER ZAHNARZT-ENGEL

In meinem eigenen Leben habe ich Gott immer wieder als mächtigen König erlebt, der sich mir ganz persönlich gezeigt hat. Ihm ist alle Gewalt und Macht auf dieser Erde und im Himmel gegeben und trotzdem will er uns Menschen liebevoll und verständnisvoll begegnen. Ich erinnere mich, wie ich vor zwei Jahren mit meiner Freundin Sibylle ein Coaching für Pastorinnen besucht habe. Wir teilten uns das Zimmer. Abends lagen wir im Bett und sprachen noch lange darüber, was wir von der Referentin gehört hatten. An jenem Tag hatte Lilo Keller darüber gesprochen, dass wir Gott bewusst um Engel bitten sollten, die in der Nacht bei uns vorbeikämen. Also beschlossen wir, am Abend um Engel zu bitten. Unser Gebet war ganz einfach, aber wir hatten großen Glauben im Herzen. Beide sehnten wir uns nach der Herrlichkeit Gottes, wozu auch gehört, echte Engel zu erleben.

Ich litt damals seit Wochen unter Zahnschmerzen. Beim Zahnarzt war ich schon gewesen. Der wollte eine Röntgenaufnahme machen, aber das war mir im Moment zu teuer. Also hatte ich Zahnschmerzen und wusste genau, dass das nicht gut war. Jedenfalls hatten wir um Engel gebetet und tatsächlich kam mitten in der Nacht ein Engel an mein Bett. Er fing an, mit mir zu reden und erklärte mir, er würde jetzt meine Zähne reparieren. Im Halbschlaf spürte ich, wie er etwas an meinem Mund tat und am Morgen waren die Schmerzen weg. Ich wusste genau, dass da ein Engel am Werk gewesen war.

Wie es sich gehört, ging ich ein halbes Jahr später wieder zur Kontrolle. Der Zahnarzt staunte nicht schlecht: »Bei Ihnen ist alles in Ordnung!« So tat Gott durch einen Engel ein Wunder an mir. Er hat sich mir offenbart und ich konnte seine Herrlichkeit spüren und erfahren.

Je mehr du Gottes Liebe entdeckst,
desto mehr Zeit wirst du mit Gott
verbringen wollen.

Auch meine Freundin Sibylle hatte in jener Nacht eine Begegnung mit einem Engel. Auch dir will Gott so begegnen. Darum möchte ich dich ermutigen: Pflege deine Beziehung zu Gott und strecke dich auch sehnsüchtig nach übernatürlichen Gottesbegegnungen aus! Je mehr du Gottes Liebe entdeckst, desto mehr Zeit wirst du mit Gott verbringen wollen. Denn dann pflegst du deine Gottesbeziehung nicht, weil es von dir erwartet wird, sondern weil sich dein Herz danach sehnt.

Kapitel 3

....

Seite an Seite

MIT JESUS

Keinem Menschen ist es möglich, ohne Jesus Christus eine persönliche Beziehung zu Gott aufzubauen. Denn Gott ist heilig und fehlerlos. Und genau das passt mit uns unvollkommenen Menschen nicht zusammen. Bestimmt kennst du Menschen wie Mutter Teresa,[4] die wirklich ein sehr bescheidenes und vorbildliches Leben führen. Wenn du eine Skala von 1 bis 10 hättest und dabei wäre die 10 der perfekte Mensch, an welcher Stelle würdest du dich selbst einzeichnen und wo Mutter Teresa? Vielleicht würdest du dir selbst eine 7 geben, Mutter Teresa dagegen bekäme mit Sicherheit eine 9, weil sie auf dieser Welt enorm viel Gutes getan hat. Aber euch beiden wäre gemeinsam, dass ihr nicht genügend Punkte habt, um wirklich perfekt zu sein. Und genau dies ist die He-

---

4 Leo Bigger, *gewinnen*, S. 60.

rausforderung von uns Erdenbürgern: Jedem Menschen fehlt etwas, um perfekt zu sein.

Und so hat kein Mensch von sich aus eine Chance, dem heiligen Gott persönlich zu begegnen, weil Gott fehlerlos ist. Du kannst dich noch so sehr anstrengen und bemühen, keine Fehler zu machen – es wird dir mit größter Wahrscheinlichkeit nicht gelingen. Die Bibel lehrt uns:

Denn niemand wird in Gottes Augen gerecht gesprochen, indem er versucht, das Gesetz zu halten. Im Gegenteil, je besser wir Gottes Gesetz kennen, desto deutlicher erkennen wir, dass wir schuldig sind. (Römer 3,20)

Keiner von uns Menschen ist gerecht, kein einziger. Denn jeder von uns macht Fehler. Selbst die besten Christen haben ihre Fehler, ihre Ecken und Kanten. Gerade wenn wir Menschen Seite an Seite mit unseren Liebsten unterwegs sind, zeigt es sich deutlich, wie schnell wir einander auf den Keks gehen können. Oder denke an eine nervige Situation im Straßenverkehr: Wie reagierst du, wenn andere Menschen dir die Vorfahrt nehmen oder wenn du im Stau stehst und deswegen zu spät zu einem Meeting kommst? Was tust du, wenn andere Menschen dich ungerecht behandeln? Wenn andere über jemanden herziehen, bist du dann dabei? Hinzu kommt die berechtigte Frage, was du angesichts des Hungers in der Welt tust? Und wie sieht es mit der Kinderarbeit aus? Profitieren wir nicht alle davon?

Wir Menschen müssen uns ehrlich eingestehen, dass wir nicht perfekt sind, sondern dass wir mit unseren Fehlentscheidungen und Charakterschwächen diese Welt negativ beeinflussen. Gott hat dieses Problem gesehen. Er sieht unsere Schwächen, aber weil er uns unendlich liebt, hat er seinen Sohn Jesus Christus als Retter auf diese Erde gesandt. Sein einziger Sohn Jesus Christus wurde von Maria in einem Stall in Bethlehem geboren und lebte danach ungefähr 30 Jahre lang auf dieser Erde. In der Bibel sagt er in Johannes 14,6: »Ich bin der Weg, die Wahrheit und das Leben. Niemand kommt zum Vater außer durch mich.« Jesus ist der Weg, damit du überhaupt wirklich mit Gott in Kontakt kommen kannst. Durch den Sohn Gottes hast du die Chance, übernatürliche und wohltuende Begegnungen mit Gott zu erleben.

Jesus lebte auf dieser Erde einen perfekten Lifestyle. Er kümmerte sich radikal um die Armen, er setzte sich für die Benachteiligten ein, er heilte Menschen und tröstete die Traurigen. Sein Leben war einfach nur perfekt, er war immer zuvorkommend und voller Liebe. Am Ende seines Lebens ging er den Weg der Passion. Unter qualvollen Schmerzen starb er an einem Holzkreuz. Seine Freunde legten ihn in ein Grab, aber drei Tage später stand er in einer unermesslichen Kraft von den Toten auf. Kurze Zeit später kehrte er zurück zu Gott und heute ist er wieder Seite an Seite bei seinem Vater im Himmel.

Bevor Jesus starb und auferstand, mussten die Menschen zur Sühnung ihrer Fehler ein Opfertier schlachten – davon lesen wir im Alten Testament. Dazu pilgerten sie in den Tempel und brachten dort ein Lamm als Opfer dar. Es musste das Blut eines Opfertieres fließen, denn dies war das Zeichen für die Sühnung und so konnte die Sünde bedeckt werden. Doch dann kam ganz überraschend, viele haben das ja nicht so erwartet, Jesus auf diese Erde zu Besuch und brachte radikale Veränderungen mit sich. Mit seinem Sterben am Kreuz hat Jesus für alle einen neuen Weg eröffnet, um zum Vater im Himmel zurückzukommen. In der Bibel lesen wir:

Denn Gott sandte Jesus, damit er die Strafe für unsere Sünden auf sich nimmt und unsere Schuld gesühnt wird. Wir sind gerecht vor Gott, wenn wir glauben, dass Jesus sein Blut für uns vergossen und sein Leben für uns geopfert hat. (Römer 3,25)

Genau das ist der entscheidende Punkt: Wer Jesus Christus in seinem Herzen als Retter und Erlöser annimmt, dem steht eine persönliche Beziehung mit Gott zur Verfügung. Nur durch die Rettungstat von Jesus Christus können wir Menschen eine innige und herzliche Beziehung mit Gott erleben. Hast du Jesus schon als deinen Retter angenommen? Wenn nicht, dann lade ich dich jetzt dazu ein. Du meinst, dazu wärst du nicht gut genug? Nun, du brauchst nicht zuerst gut zu sein, damit Jesus dich rettet. Im Gegenteil. In der Bibel heißt es:

Doch wenn wir ihm unsere Sünden bekennen, ist er treu und gerecht, dass er uns vergibt und uns von allem Bösen reinigt. (1. Johannes 1,9)

Wenn du das auch möchtest, dann ist hier ein Vorschlag, wie du beten kannst:

Vater im Himmel, heute möchte ich deine Liebe annehmen. Du bist ein Gott, der mich liebt. Du hast deinen Sohn Jesus Christus für mich auf diese Erde gesandt. Jesus hat am Kreuz für alle meine Fehler bezahlt. Vielen Dank.
Ich bringe jetzt alle meine Fehler zu dir und ich bitte dich um Vergebung durch Jesus Christus.
Danke für deine Gnade, die jetzt in meinem Leben wirksam wird und die in alle Ewigkeit wirksam sein wird. Ich bin ab jetzt ein Kind Gottes und ich gehöre für immer zu deiner königlichen Familie. Die wohltuende und kraftvolle Beziehung zu dir ist jetzt auch die Quelle meines Lebens und meiner Kraft. Amen!

NEU, REIN UND GELIEBT

Seite an Seite mit Jesus zu leben bedeutet, ihn im Herzen anzunehmen und sich damit innerlich komplett erneuern zu lassen. Denn wenn Gott etwas Neues schafft, dann macht er es wirklich neu – und das tut er an dir durch seinen geliebten Sohn. Durch deine Entscheidung, Jesus Christus als Retter anzunehmen, wirst du komplett gereinigt, zu einem neuen Menschen gemacht und reich beschenkt. Deine Sünden sind dir vergeben, du wirst Kind Gottes genannt und gehörst zur Königsfamilie Gottes. In der Bibel heißt es:

Seht, welch eine Liebe hat uns der Vater erwiesen, dass wir Gottes Kinder heißen sollen – und wir sind es auch! (1. Johannes 3,1 LUT)

Mit deiner Entscheidung, an Jesus Christus zu glauben und die Vergebung deiner Sünden anzunehmen, bekommst du eine neue Identität. Du gehörst dadurch zur Familie Gottes, genau wie alle anderen Menschen, die auch an Jesus glauben. Das bedeutet für dich, dass du Seite an Seite mit dem Vater im Himmel in der Königsfamilie Gottes leben darfst, im Königreich Gottes. Dieses Königreich beginnt für dich nicht erst im Himmel, sondern hat für dich bereits jetzt begonnen. Der Segen und der Friede Gottes stehen dir täglich zu. Ebenso hast du Anspruch auf ein wunderschönes Zuhause im Himmel, das dir kostenlos zur Verfügung gestellt wird. Dein Leben endet nicht mit dem Tod. Danach hast du eine ewige Heimat bei Gott. – In der Bibel lesen wir:

Und ich bete, dass Christus durch den Glauben
immer mehr in euren Herzen wohnt und ihr in der
Liebe Gottes fest verwurzelt und gegründet seid.
(Epheser 3,17)

Durch Jesus Christus bist du in der Liebe Gottes fest verwurzelt. Solange jemand von Gott getrennt ist, kann er seine wahre Liebe nie wirklich erfahren. Allein durch Jesus Christus kannst du Gottes wahre Liebe tief in deinem Herzen empfangen. Dann kommen Stabilität, tiefer Frieden und echte Freiheit in dein Leben.

Vielleicht denkst du jetzt an deine Beziehung zu Gott und merkst, dass diese Beziehung alles andere als stabil und frei ist. Vielleicht hast du schon seit Jahren eine persönliche Beziehung zu Gott – und doch erlebst du noch nicht diese vollständige Freiheit in Jesus. Vielleicht fühlst du dich oft niedergeschlagen oder manchmal vielleicht sogar geistlich unter Druck. Du sehnst dich nach wirklicher Freiheit, nach verlässlicher Stabilität und nach einer unbeschwerten Beziehung zu deinem Gott. Stattdessen fühlst du aber eine Schwere, Beziehungsunfähigkeit und vielleicht sogar manchmal Ängste. Du versuchst ständig, ein »guter« Christ zu sein, bist aber immer wieder enttäuscht von dir selbst und frustriert. Vielleicht fühlst du dich manchmal ruhelos und genervt und denkst ab und zu, du kämst irgendwie zu kurz.

Immer wieder merke ich in Gesprächen mit Christen, wie sie unter Antriebslosigkeit, Schuldgefühlen und Verdammnisängsten leiden. Sie fühlen sich weniger wert als andere, denken schlecht über sich und fühlen sich nicht wirklich von Gott geliebt. Deshalb möchte ich eine tiefere Ebene der Beziehung zu Jesus Christus beschreiben. Der erste Schritt zu einem Leben in Freiheit ist, die Liebe Gottes anzunehmen und Jesus als deinen Retter einzuladen. Dann wird dir bewusst, was du gerade durch Jesus Christus empfangen hast. Genau diese Vertiefung deiner Beziehung zu Jesus möchte ich dir erklären. Die Frage ist nämlich: Wie kannst du Seite an Seite mit Jesus diese echte Freiheit und wirklich tiefe Ruhe finden?

Innere Ruhe bedeutet nicht in erster Linie, in jeder Situation einschlafen zu können. Innere Ruhe finden wir, wenn wir die Liebe Gottes ganz angenommen haben. Genügend Schlaf ist ebenso wichtig, das steht fest. Aber tiefer innerer Frieden und damit verbundene seelische Entspannung kommen aus der echten Beziehung mit Gott.

HEILIG UND GERECHT

Denn er hat selbst gesagt: Ihr sollt heilig sein, weil ich heilig bin! (1. Petrus 1,16)

Echt krass: Du hast Jesus Christus in dein Herz aufgenommen – darum bist du heilig. Vielleicht hat das Wort *heilig* für dich ja eher einen negativen Klang, weil du es mit den superheiligen Christen verbindest und dir dazu eventuell auch gleich noch das Wort »scheinheilig« in den Sinn kommt. In der Bibel bedeutet heilig jedoch: Du bist auserwählt worden und gehörst zur Familie Gottes. Das ist etwas total Kostbares und Wunderschönes.

Durch Jesus bekommst du das Privileg, zur Königsfamilie Gottes zu gehören. Aber wirklich nur durch Jesus Christus. Durch ihn hast du die Möglichkeit, entspannt in Gottes Gegenwart zu sein und auch zu bleiben. Du bist nicht heilig, weil du alles richtig machst und weil du so viel für Gott tust. Heilig kannst du nur sein, weil Jesus für dich den Preis bezahlt hat. Durch seine Erlösungstat am Kreuz bist du heilig geworden und nicht weil du so ein anständiger Christ bist. Die Bibel lehrt uns:

Denn Gott machte Christus, der nie gesündigt hat, zum Opfer für unsere Sünden, damit wir durch ihn vor Gott gerechtfertigt werden können. (2. Korinther 5,21)

Du bist durch Jesus gerecht gesprochen. Du musst nichts dazu beitragen, damit dies noch geschehen kann. Gerecht bedeutet: Alles in Ordnung! Wirklich! Da hat Anklage keinen Platz mehr, weil alle Forderungen der Gerechtigkeit durch Jesus Christus bereits erfüllt wurden und für dich Gottes Gnade gilt.

Kürzlich las ich in der Bibel, dass der Gerechte das Glück finden wird. Dabei stellte ich fest, wie ich mich sofort hinterfragte, ob ich denn wirklich gerecht bin und dieses Glück tatsächlich verdient habe. Ich überlegte mir blitzschnell, ob es vielleicht irgendeinen Grund geben könnte, weshalb ich nicht gerecht wäre. Und richtig, sofort fiel mir Einiges ein, das mir bestätigte, alles andere als gerecht zu sein. Ich hatte in der Familie nämlich gerade einen Streit gehabt.

Doch dann überlegte ich weiter und musste meinen Gedanken eine andere Richtung geben. Denn ich begriff wieder: Jesus Christus ist mein Fürsprecher und durch seine Wunden bin ich gerecht gesprochen. Egal welche Sünde ich gerade getan habe: Weil Jesus Christus in mir wohnt, habe ich den Fürsprecher für alle Ewigkeit bei mir. Und somit steht mir nichts im Weg, das Glück, das Gott für mich vorbereitet hat, bereits jetzt vollständig zu empfangen.

BASTA!

Kennst du das auch, diese Zweifel an der Gerechtigkeit durch Jesus? Manchmal denke ich, dass wir Christen ein verdrehtes Bild von der Gnade Gottes haben. Aber Jesus ist dein Fürsprecher und daran gibt es nichts zu rütteln. In der Bibel lesen wir:

Und wenn jemand sündigt, so haben wir einen Fürsprecher bei dem Vater, Jesus Christus, der gerecht ist. (1. Johannes 2,1 LUT)

Du bist für gerecht erklärt worden. Und selbst wenn du wieder Fehler machst, dann sind diese schon längst am Kreuz bezahlt worden – durch Jesus Christus. Jesus ist dein persönlicher Fürsprecher und deshalb lebst du in der Position der Gnade. Durch deine Entscheidung für Jesus wirst du von Gott sozusagen auf ein ganz neues Spielfeld gestellt. Aus diesem Grund kann es für dich gar keine Verdammnis mehr geben. Vielleicht hörst du immer wieder eine innere Stimme, die dich anklagt und die dir sagt, wie schlecht und unmöglich du bist. Ständig siehst du den Finger Gottes, der auf dich zeigt, weil du nicht alles richtig machst. Schuldgefühle sind dann dein täglicher Begleiter und du fühlst dich schlecht und niedergedrückt.

Aber ich möchte dich ermutigen: Glaube diesen Lügen Satans nicht länger! Satan kann sich unglaublich groß aufblasen und uns große Angst einjagen, aber er ist ein Lügner. Darum lass heute Selbstgerechtigkeit und Leistungsdenken los und lass dich voll und ganz in die Gnade Gottes hineinfallen! Bring deine Schuldgefühle zu Jesus und empfange von ihm vollständige Freiheit! Ich bin davon überzeugt, dass es dein Leben leichter machen wird. Die Bibel lehrt uns:

Denn die Sünde wird nicht herrschen können über euch, weil ihr ja nicht unter dem Gesetz seid, sondern unter der Gnade. (Römer 6,14 LUT)

Durch Jesus bist du vollständig genug, um vor Gott bestehen zu können, denn du lebst unter der Gnade. Au-
ßerdem kann die Sünde nicht mehr über dich herrschen,
weil Jesus bereits dafür bezahlt hat. Somit kannst du dein
Leben entspannt genießen.

Vielleicht wurdest du früher sogar gelehrt, dass du bei
gewissen Fehlern deine Zugehörigkeit zu Gott verlieren
könntest. Aber Gott ist anders. Er gibt uns nicht auf, weil
er die vollkommene Liebe ist und du durch Jesus Christus Anspruch auf diese Liebe hast. Kinder Gottes bleiben Kinder Gottes, weil sie zur Familie des allmächtigen
Königs gehören. Niemand kann sie aus Gottes Hand rei-
ßen. Die Gnade Gottes ist viel größer und stärker, als du
denken kannst. Du wirst auch als Christ noch Fehler machen, aber diese Fehler haben nicht mehr die Macht über
dein Leben, weil Jesus schon längst dafür bezahlt hat. In
der Bibel lesen wir:

Und Gott will, dass wir durch das Opfer des Leibes
von Jesus Christus ein für alle Mal geheiligt werden.
(Hebräer 10,10)

Beachtenswert dabei ist, dass wir ein für alle Mal geheiligt sind. Das bedeutet, dass Jesus für alle Fehler, die dir
in der Zukunft noch geschehen werden, bereits bezahlt
hat. Basta! Vielleicht denkst du jetzt: »Entschuldigung,
aber das kann nicht wirklich so sein! Ich muss doch

meine Sünden vor Jesus bekennen und erst dann bin ich wirklich gerecht.«

Nehmen wir an, du würdest morgen um 8.17 Uhr einen schweren Autounfall verursachen. Dabei würden zwei Menschen ums Leben kommen. Du selbst würdest kurze Zeit später bewusstlos werden und auch sterben. Durch dich hätten also zwei Menschen ihr Leben verloren und du hättest keine Chance mehr, diesen Fehler auf dieser Welt in Ordnung zu bringen. Würdest du dann als einer, der den Tod zweier Menschen zu verantworten hat, trotzdem das Himmelreich Gottes sehen? Oder was wäre, wenn du kurz vor deinem Tod deine Frau belügen oder deine Kinder ungerecht behandeln würdest? – Würden wir denn dann nicht alle das Himmelreich verpassen?

Ich höre immer wieder Christen, die in dieser Hinsicht enormen Druck ausüben. In Wirklichkeit ist aber kein einziger Christ perfekt. Jeder hat seine Schwächen, und damit könnte keiner, auch kein überaus anständiger Christ, das Himmelreich betreten. Jesus selbst hat immer wieder mit den Pharisäern über dieses Thema gesprochen. Die Pharisäer waren Gelehrte, die meinten, alles richtig zu machen. Jesus zeigt im Neuen Testament aber auf, dass niemand die Gesetze Gottes wirklich einhalten kann.

Beispielsweise erklärt Jesus in Matthäus 5,28 (LUT): »Ich aber sage euch: Wer eine Frau ansieht, sie zu begehren, der hat schon mit ihr die Ehe gebrochen in seinem Herzen.« Auch für Christen ist dieser Satz ganz schön herausfordernd. Bist du in diesem Punkt jeden Tag im

Reinen? Ehrlicherweise müssen wir doch spätestens bei diesem Vers zugeben, dass kein Christ die Fähigkeit hat, die Gesetze Gottes einzuhalten.

Jesus will uns damit aufzeigen, dass wir wirklich keine Chance haben und allein durch Jesus gerecht gesprochen werden können. Wenn du eine Beziehung zu Jesus Christus hast, dann bist du freigesprochen von aller Sünde. Christen können enorm viel Druck auf andere Christen ausüben. Ein Beispiel: Mein Mann Dan war vor Jahren krank. Da kamen tatsächlich Leute aus der Gemeinde zu ihm und meinten, dass in seinem Leben sicher etwas nicht stimmte und er deswegen jetzt krank wäre. Wenn das wahr wäre, müssten wir bei jeder Krankheit, bei jedem Missgeschick und bei jedem Fehler Angst haben, dass unsere Beziehung zu Gott auf dem Spiel steht. Ganz ehrlich, früher dachte ich oft darüber nach, weil ich so geprägt wurde. Ständig hatte ich ein schlechtes Gewissen, fühlte mich unter Druck und hatte sogar Verdammnisängste. Aber Jesus ist anders.

ZUR FREIHEIT BEFREIT

In der Bibel lesen wir:

> *Zur Freiheit hat uns Christus befreit! So steht nun fest und lasst euch nicht wieder das Joch der Knechtschaft auflegen! (Galater 5,1-3 LUT)*

Jesus hat Freiheit in dein Leben hineingebracht. Er hat den Preis dafür vollständig bezahlt, auch für dich. Gott macht keine halben Sachen und er vergisst niemanden. Seine Liebe für dich ist so stark, dass er dich durch Jesus komplett freigesprochen hat. Das bedeutet, du kannst durchatmen, mit beiden Füßen auf den Boden stehen und deinen Kopf hoch tragen. Du gehörst zur Familie Gottes. Dieses Privileg schenkt dir Freiheit und du bist bei Gott für immer und ewig angenommen.

Lege deine negativen Gedanken bei Jesus ab und empfange die Freiheit, die schon längst für dich bereitsteht!

Die einzige Herausforderung dabei ist, dir nicht selbst wieder einen Deckel überzustülpen. Denn du kannst dir selbst das Joch der Knechtschaft wieder auflegen und genau das bremst dich aus, jagt dir Angst ein oder zieht dich gar in die Depression hinein. Ich bin überzeugt, genau deshalb gehen so viele Christen mit angezogener Handbremse, bedrückt und alles andere als fröhlich durch die Welt.

Ich möchte dich dazu heute ermutigen, dir deiner Position bewusst zu werden. Als Kind Gottes lebst du in der alles übertreffenden und unübertrefflichen Position der Gnade. Vielleicht kannst du jetzt in diesem Moment mal ganz tief durchatmen. Stelle deine Füße fest auf den Boden

und richte deinen Rücken gerade auf! Du bist die Königs-
tochter – oder: Du bist der Sohn des Königs. Du bist von
aller Last befreit, weil Jesus bereits für dich bezahlt hat.

Es ist eine große Ehre, zu dieser Königsfamilie zu gehören. Ich sehe zu viele Christen in dieser Welt, die ihr
Christsein verbergen und ihren Glauben wie in einem
Versteck leben. Vielleicht wurdest du früher deines Glau-
bens wegen belächelt und hast es aufgegeben, von Jesus
zu sprechen. Oder du denkst in deinem Herzen, du hättest selbst viele Lasten zu tragen und könntest deshalb
nicht wirklich frei von Jesus reden.

Weißt du, dass du dir mit diesem Denken und Handeln selbst das Joch der Knechtschaft auf deine Schultern legst und dich davon bestimmen und niederdrücken
lässt? Aber Jesus hat einen anderen Plan für dich, denn er
hat dich schon vollständig befreit. Er möchte dir sofort
Freiheit schenken.

Darum tu dir selbst einen Gefallen und entscheide
dich für eine radikale Kehrtwendung deiner Gedanken!
Lege deine negativen Gedanken bei Jesus ab und empfange die Freiheit, die schon längst für dich bereitsteht!
Gerade gestern hatte mein Mann einen kleinen Autounfall, der uns einiges an Geld kosten wird. Ich erwisch-
te mich tatsächlich dabei, wie ich innerlich mit meinen
Gedanken sofort in die Tiefe stürzte. Ich habe mich ge-
fragt: »Was ist denn jetzt schon wieder los, dass wir nicht
gesegnet werden!« Wir waren gerade auf dem Weg zur
Kirche, um sauber zu machen und danach Gottesdienst

zu feiern. Das Missgeschick geschah auf dem Weg dort-
hin. Wir hatten uns auf den Weg gemacht, um Gutes zu
tun, aber Gott ließ uns ausgerechnet in diesem Moment
im Stich – das waren jedenfalls meine ersten Gedanken
und Gefühle.

Leider brauchte ich etwa vier Stunden, bis ich in meinen Gedanken endlich die entscheidende Wende vollzie-
hen konnte und bereit war, die negativen Gedanken bei
Jesus abzugeben, die Lüge Satans zu verneinen und von
Jesus für diese Situation Ruhe und Frieden zu empfangen. Danach konnte ich meine Gefühle unter das stellen,
was Gott wirklich über uns sagt.

Unsere Gefühle wollen uns oft in die Irre führen und
erzählen uns so allerhand, was in der Regel einfach nicht
stimmt. Aber du musst nicht immer alles glauben, was du
gerade fühlst. Stelle immer wieder Gottes Wort und das,
was er über dich sagt, über deine Gefühle! Denn Gottes
Liebe ändert sich niemals. Er ist immer derselbe. Weißt
du, Gott lässt manchmal Angriffe auf unser Leben zu –
nicht wegen unserer Sünde, sondern weil er ganz einfach
unseren Glauben prüft. Entscheidend ist dann unsere Re-
aktion. Auch in unvorhergesehenen Momenten kannst
du in Jesus ruhig bleiben, diese Freiheit hat er dir längst
geschenkt. Darum erinnere dich in diesen Momenten an
die Gnade Gottes.

Vielleicht stehst du gerade in einer herausfordernden
Situation. Dann lass dich ermutigen und dir den Rücken
stärken! Geh in der Kraft Gottes durch diese Situation

hindurch! Du bist ein Kind Gottes. Gott ist an deiner Seite und in der Kraft Jesu wirst du die Prüfung erfolgreich meistern. Lass dich niemals von Satan ausbremsen! Tu ihm diesen Gefallen nicht! Er liebt es, dich frustriert, verängstigt und verunsichert zu sehen. Das ist sein Ziel.

GANZ SICHER!

Am Anfang der Bibel lesen wir von Adam und Eva. Sie wohnten in einem schönen Garten und konnten die Früchte aller Bäumen essen – von fast allen. Gott sagte ihnen nämlich, dass sie von dem einen Baum bitte keine Früchte nehmen sollten. Doch kurze Zeit später kam eine Schlange in den Garten und stellte die folgende Frage, die in 1. Mose 3,1 (ELB) steht: »Hat Gott wirklich gesagt: Von allen Bäumen des Gartens dürft ihr nicht essen?« Satan hat Eva in diesem Moment verunsichert und sie hatte das Gefühl, ihr würde etwas fehlen. Ihre Gefühle sagten ihr, wie wunderschön die Früchte aussahen, und sie spürte zum ersten Mal in ihrem Leben einen Mangel. Ja, sie wusste, was Gott gesagt hatte, nämlich dass sie die Frucht von einem Baum nicht essen sollte, aber sie stellte ihre Gefühle über Gottes Wort und aß von der Frucht. Und genau das hatte Konsequenzen für sie und ihren Mann.

Das ist auch heute noch die Strategie Satans. Er spielt heute mit uns immer noch dasselbe Spiel wie damals mit Eva. Satan will uns dazu bringen zu denken, dass uns etwas fehlt. Er möchte dir einreden, du wärst schuldig, nicht gesegnet oder gar verdammt. Es gibt für ihn nichts Schöneres als dir zu sagen, wie beziehungsunfähig, wie wertlos oder wie unbrauchbar du bist. Er weiß genau, an welchem Punkt du ansprechbar bist. Satan reibt dir jeden Tag deinen Mangel unter die Nase, ja er serviert ihn dir sogar auf dem Silbertablett und will dich damit in die Irre führen. Deine Gefühle springen auf diese Angebote an und du beginnst, diese Lüge zu glauben. Aber das musst du nicht. Es ist deine Entscheidung, ob du der Lüge Satans oder dem Wort Gottes glaubst. Ich möchte dich ermutigen, Gottes Wort über deine Gefühle zu stellen. Jesus hat bereits dafür bezahlt, dass du vollständige Freiheit erleben kannst. Gottes Wort sagt dir:

Siehe, Gott ist mein Heil, ich bin sicher und fürchte mich nicht. (Jesaja 12,2 LUT)

Du brauchst keine Angst zu haben, denn Gott ist dein Heil und genau das schenkt dir Sicherheit. Vielleicht kannst du diesen Vers jetzt ganz bewusst in deine Situation hineinsprechen und so Gottes Gelassenheit für dein Herz empfangen.

Jesus ist dein Retter, damit du das Heil Gottes annehmen kannst. Und er ist voller Liebe und Gerechtigkeit. Vor einiger Zeit las ich auf Facebook folgende Geschichte, über die ich kürzlich auch in der Zeitschrift Lydia geschrieben habe: In Karlsruhe lebte ein Hirte, der

111 Schafe in seiner Herde hatte. Eines Nachts wurden alle seine Schafe gestohlen. Er meldete es bei der Polizei, aber niemand konnte seine Schafe finden. Wochen später wurde dieser Hirte von der Polizei angerufen, es sei ein Transport von fünftausend Schafen geplant. Die Lieferung sollte mit der Bahn erfolgen und von Köln in die Türkei gehen. Am Abfahrtstag stand der Hirte im Kölner Güterbahnhof und fünftausend Schafe zogen an ihm vorüber. Immer wieder ließ der Hirte seinen Lockruf erschallen. Tatsächlich, immer wieder löste sich ein Schaf aus der Masse und stellte sich neben den Hirten. Als alle Schafe im Güterzug waren, standen neben dem Hirten – richtig: exakt 111 Schafe! Dieses Bild fasziniert mich und es berührt mein Herz zutiefst. Jesus hat gesagt:

Die Schafe folgen ihm, weil sie seine Stimme kennen. Einem Fremden aber folgen sie nicht, sondern laufen vor ihm weg, weil sie seine Stimme nicht kennen ... Ich aber bin der gute Hirte und kenne meine Schafe, und sie kennen mich. (Johannes 10,4.5.14 HFA)

Jesus kennt dich und du kennst ihn. Das ist eine tiefe Beziehung. Seite an Seite kannst du täglich mit Jesus gehen und kommunizieren wie mit einem guten Freund oder einer guten Freundin. Er ist dein guter Hirte – voller Liebe und Barmherzigkeit ist er jeden Tag für dich da. Darum lass dich ermutigen, täglich deine Beziehung mit Jesus zu pflegen. Er kennt deine Herzenswünsche, er weiß, was dich beschäftigt, was dich nervt und auch, was dir gefällt. Nichts wünscht er sich mehr, als dein Hirte zu sein. Er liebt es, dich zu beschenken, für dich einzutreten und dich sicher zu führen. Jesus hat sein ganzes Leben für dich gegeben, weil er dich liebt und das Beste für dein Leben will. In der Bibel können wir nachlesen, dass wir diesem Vorbild von Jesus folgen sollen. Du hast die Chance, in deinem Leben diesem Jesus immer ähnlicher zu werden. Jesus hat aus Liebe gehandelt und dies ist sehr nachahmenswert. Gott wünscht sich Kinder, die aus Liebe heraus ein gutes Leben führen.

FREIBRIEF ZUM SÜNDIGEN?

Wenn Jesus bereits alle Sünden für uns bezahlt hat, dann könnte man das ja auch falsch verstehen und daraus einen Freibrief für einen schlechten Lebensstil machen. Man könnte denken, Jesus hat ja für alles bezahlt, also kann ich ehebrechen, stehlen, lügen und einfach tun, was mir gerade gefällt. Doch dem ist nicht so.

Jesus hat dich zwar bereits für gerecht erklärt, dies bedeutet aber nicht, dass du nun nicht mehr nach den Anweisungen der Bibel leben sollst. Im Gegenteil, je mehr du die Gnade Gottes verstanden hast, desto lieber wirst du nach den Worten der Bibel leben wollen. Denn je mehr du Gottes Gnade wirklich begriffen und angenommen hast, desto mehr wirst du Gottes Liebe für dich persönlich entdecken. Seine Liebe übersteigt alles. Und auf genau diese Liebe kannst du mit deinem ganzen Leben Antwort geben.

Wenn beispielsweise eine Person dir ständig Gutes tut, indem sie dich reich beschenkt, dich gut bekocht, Zeit für dich hat und dir einfach immer das Beste gibt, dann ist das doch etwas Wunderschönes. Du fühlst dich geliebt und auch du wirst diese Person lieben und ihr Gutes tun wollen. Genauso ist es in der Beziehung zu Jesus. Seite an Seite mit Jesus zu sein ist kein Arbeitsverhältnis, in dem Leistung belohnt wird und du andernfalls Druck bekommst, sondern eine Liebesbeziehung. Und genau darum wirst du in deiner Beziehung zu Jesus immer mehr Gutes tun und deiner Liebe zu ihm mit deiner liebevollen Art zu leben Ausdruck verleihen.

So wird dein Leben immer mehr den Willen Gottes widerspiegeln, weil deine Liebesbeziehung zu Jesus nicht mehr länger unter Druck und Anspannung steht. Vielmehr kommen Friede, Gelassenheit und Freude in dein Leben hinein. Denk doch einmal darüber nach und triff in deinen Gedanken die entsprechenden Entscheidungen. Dadurch wirst du eine positive Herzensveränderung erleben – und dann werden sich die Beziehungen zu deinen Mitmenschen enorm zum Guten verändern.

ABLEGEN UND EMPFANGEN

Und wenn wir als Christ wieder einen Fehler machen? Was dann? Die Bibel lehrt uns in Jakobus 5,16 (LUT): »Bekennt also einander eure Sünden und betet füreinander, dass ihr gesund werdet. Des Gerechten Gebet vermag viel, wenn es ernstlich ist.« Hier werden Christen beschrieben, die um Krankenheilung beten und bereits in einer Gemeinde mit dabei sind. Jesus hat bereits am Kreuz für unsere Sünden bezahlt.

Der Betreffende ist durch die Tat von Jesus Christus schon gerecht gesprochen; somit ist er bereits ein Gerechter oder eine Gerechte, er muss nichts mehr dafür tun. Trotzdem sollen wir Christen einander offen und ehrlich unsere Fehler eingestehen. Dabei können, ja sollen wir daran denken, wie sehr wir Gottes Gnade brauchen und wie diese bereits für alle unsere Fehler wirksam ist. Jesus hat bereits den vollen Preis für alle deine Fehler bezahlt und somit lebst du in Freiheit. Dein Sündenbekenntnis erinnert dich jedoch daran, dass du ohne Jesus hoffnungslos verloren wärst. Dazu kommt: Sobald du deine Sünde bekennst, wird die Macht der Sünde über deinem Leben gebrochen. Jesus ist das Licht der Welt und dieser Jesus wohnt in dir drin – und da, wo Licht scheinen darf, da muss jede Dunkelheit verschwinden. Wenn du beispielsweise in einem dunklen Raum bist und dann plötzlich ein Licht angezündet wird, dann wird es hell.

Genauso ist es bei einem Sündenbekenntnis: So kommen dunkle Situationen ans Licht und verlieren ihre Macht. Wenn beispielsweise jemand immer wieder andere Menschen bestiehlt, dann ist es wichtig, dass diese Fehler ans Licht kommen und das begangene Unrecht den entsprechenden Personen gegenüber wieder in Ordnung gebracht werden kann. Oder jemand ist spielsüchtig. Dann ist es hilfreich, wenn diese Person vor Zeugen ihre Sucht benennt und sich darüber aussprechen kann. Danach können andere für den Hilfesuchenden beten, ihn im Namen Jesu von der Sucht lösen und er kann von Jesus Kraft und Ruhe empfangen. Paul Ellis schreibt: »Sünde plus Bekenntnis ergibt Heilung.«[5]

Je mehr du die Liebesbeziehung zu Jesus wirklich tief in deinem Herzen verstanden hast, desto mehr wirst du dem Bösen alle Türen verschließen.

In unseren Gebetsdienst kommen immer wieder Christen mit schweren Lasten. Wir helfen den Betreffenden, ihre Sorgen und Lasten bei Jesus abzulegen, denn er hat längst dafür bezahlt. Gleichzeitig ermutigen wir die Menschen aber auch, von Jesus stattdessen das Gute zu empfangen. Wenn beispielsweise jemand unter Ängsten

---

5 http://escapetoreality.org/2012/10/25/why-confession-is-still-good-for-you/

leidet, dann legen wir gemeinsam die Ängste ans Kreuz Jesu und empfangen dafür göttlichen Mut und Zuversicht.

Auf diese Weise kannst du auch für dich und andere Menschen beten. Lege deine Not bei Jesus ab und empfange von ihm das Gegenteil! Sprich dies im Gebet laut aus! Erinnere dich dabei immer wieder an die Liebesbeziehung zwischen dir und Jesus! Er möchte das Beste für dich und klagt dich niemals an. Aus diesem Grund kannst du jederzeit mit Jesus über deine Fehler sprechen und offen zugeben, dass es nicht gut war, was du gerade getan hast. Dankbar dafür, dass diese Fehler bereits bezahlt sind, kannst du wieder Ruhe und Hoffnung empfangen.

Früher arbeitete ich in einer Arztpraxis. Dort gab es eine Statistik über psychisch kranke Menschen. Bei den Umfragen kam heraus, dass praktizierende Katholiken weniger psychische Probleme haben als andere Menschen. Was war der Grund? Die regelmäßige Beichte! Also bleibe mit Jesus im Gespräch. Und zwar nicht aus Angst oder weil du müsstest, sondern weil du in dieser Liebesbeziehung mit ihm über alles sprechen kannst, was dich gerade beschäftigt. Jesus, der Sohn Gottes, hat schon längst für alle deine Fehler am Kreuz bezahlt. Deshalb kannst du entspannt und fröhlich dein Leben genießen. Je mehr du die Liebesbeziehung zu Jesus wirklich tief in deinem Herzen verstanden hast, desto mehr wirst du dem Bösen alle Türen verschließen.

Kapitel 4

Seite an Seite

MIT DEM HEILIGEN GEIST

Nachdem Jesus diese Welt wieder verlassen hatte, sandte Gott den Heiligen Geist auf unseren Planeten. Diese übernatürliche und positive Geisteskraft ist für alle Menschen da, also auch für dich. Jeder, der Jesus als seinen Retter annimmt, bekommt in diesem Moment den Heiligen Geist. Denn dabei geschieht etwas vollständig Neues. Die Bibel lehrt uns:

> So drückte er uns sein Siegel auf, wir sind sein Eigentum geworden. Das Geschenk des Geistes in unseren Herzen ist Gottes sicheres Pfand dafür, dass er uns noch viel mehr schenken wird. (2. Korinther 1,22 HFA)

Wow! Ich liebe diese Bibelstelle. Du bist sein Eigentum und bekommst ein Siegel. Manchmal fühlen wir uns doch wie abgestempelt und empfinden das eher als etwas Negatives. Aber stell dir vor: Du hast den wunderschönen und liebevollen Stempel aufgedrückt bekommen, der dich als zur Königsfamilie gehörend auszeichnet. Dieses Siegel kann nicht mehr rückgängig gemacht werden. Und das ist noch nicht alles! Darüber hinaus hat Gott dir den Heiligen Geist geschenkt. Dein Herz wurde bereits mit dem Heiligen Geist erfüllt – die alles übersteigende Kraft Gottes wohnt in deinem Herzen. Und dazu gibt es noch mehr für dich, denn genau diese übernatürliche Kraft möchte in deinem Leben wirksam werden. Gott möchte dich immer wieder, sogar täglich, durch seinen Geist mit neuen Geschenken und neuen Einsichten überraschen.

Früher dachte ich, dass einige Christen mehr Heiligen Geist bekämen als andere. Ich bestaunte die Christen, die Visionen, Träume und übernatürliche Erfahrungen mit Gott hatten. Ich selbst war in diesem Bereich eher zurückhaltend, weil ich eben so geprägt worden war. Doch im Laufe meines Lebens habe ich verstanden, dass der Geist Gottes wirklich im Herzen eines jeden Christen wohnt und sich dort so richtig breitmachen möchte. Die Frage ist also nicht, ob jemand mehr oder weniger Heiligen Geist bekommen hat, sondern ob er bereit ist, sich vom Heiligen Geist führen und weiterentwickeln zu lassen.

Wenn Gottes Geist in dir lebt, dann möchte er aufblühen können. Wie ein Löwenzahn, der unter einer Straße wohnt. Gerne möchte er durchbrechen und seine wunderschöne gelbe Blüte zeigen und sich vermehren. Gottes Kraft möchte sich in dir entfalten, größer werden und immer noch krassere Dinge in deinem Leben und durch dich in dieser Welt bewirken können. Doch wie ist das möglich? Wie kann die Beziehung zum Heiligen Geist kultiviert und entwickelt werden?

Gott hat uns Menschen alle unterschiedlich geschaffen. Manche Erdenbürger sind mit vielen Gefühlen ausgestattet. Diese Leute spüren den Heiligen Geist sehr stark, sie nehmen ihn durch ihre Gefühle wahr. Und dann gibt es die eher logisch denkenden Persönlichkeiten. Ich selbst habe meine Stärken im analytischen Denken und ich liebe es, wenn Fakten auf dem Tisch liegen. In Diskussionen mit Christen fällt mir immer wieder auf, wie oft der Heilige Geist auf die Gefühlsebene reduziert wird. Mehr emotional veranlagte Persönlichkeiten zeigen ihre Erlebnisse mit dem Heiligen Geist – man kann es mitunter geradezu mit ansehen – während eher logisch denkende Menschen sich oft nicht viel anmerken lassen.

Aber wie auch immer wir gestrickt sind, jeder Mensch erlebt den Heiligen Geist auf seine Art und Weise und jeder hat einen anderen Stil der Beziehungspflege. Gott hat bei der Ausgießung des Heiligen Geistes an alle Persönlichkeiten gedacht. Genauso wie du geschaffen bist, hast du die Chance, eine wunderbare und intensive Beziehung mit dem Heiligen Geist einzugehen. Vielleicht spricht Gott zu dir eher durch Träume oder durch Gefühle oder durch Bilder oder durch Bewegungen oder eben auch durch klare Gedanken.

TRÖSTER UND LEHRER

Jesus hat uns versprochen:

Aber der Tröster, der Heilige Geist, den mein Vater senden wird in meinem Namen, der wird euch alles lehren und euch an alles erinnern, was ich euch gesagt habe. (Johannes 14,26 LUT)

Der Heilige Geist lebt in dir. Du kannst Seite an Seite mit ihm durchs Leben gehen und seine wunderbare Führung erleben. Ständig ist er in dir und gibt dir die besten Anweisungen für dein Leben.

Ich bin fasziniert, dass die Bibel uns sagt, der Geist Gottes werde uns nicht nur die Hälfte lehren, sondern alles! Früher war ich total aufgeregt, wenn ich in einer Gruppe von Menschen beten musste. Ich überlegte mir ständig, was ich denn noch Gescheites beten könnte, was nicht schon andere vor mir gebetet hatten. Solche Gebetszeiten waren eher anstrengend. Aber Gott will uns durch seinen Geist leiten – auch im Gebet. Falls es dir manchmal schwerfällt zu beten: Frage doch den Geist Gottes in dir, wie du beten kannst! Lass dich bei jedem Satz von ihm leiten, damit er dich mit seinen Gedanken beschenken kann! Begrüße ihn und danke ihm, dass er dich führen wird! Ich bin überzeugt, dein Gebetsleben wird sich zum Positiven verändern.

Gottes Geist will uns Menschen in allem lehren. Uns steht nicht nur ein kleiner Anteil an Coaching zur Verfügung, sondern das ganze Paket. Dabei berücksichtigt Gott auch unsere Persönlichkeit – er spricht durch seinen Geist auf eine Weise, auf die es jeder verstehen kann. Dan, zum Beispiel, erlebt den Heiligen Geist viel mehr über die Gefühlsebene als ich. Wenn Gott ihm Dinge mitteilt, dann kann er dies am ganzen Körper spüren.

Kürzlich predigte Dan über das Bild des Würfels. Wusstest du schon, dass die jeweils gegenüberliegenden Zahlen eines Würfels immer die Summe 7 ergeben? Die Eins liegt der Sechs gegenüber, die Drei der Vier und die Fünf der Zwei. Zusammen ergibt das immer Sieben, die Zahl der Vollkommenheit. Genauso ist es in unserem Leben: Wir allein sind nicht vollkommen, aber Gott selbst ergänzt durch den Heiligen Geist das, was uns fehlt. Im Heiligen Geist hast du eine Ergänzung, einen Helfer und Berater.

DEIN FREUND UND HELFER

Siehe, Gott ist mir ein Helfer; der Herr ist der, der meine Seele stützt. (Psalm 54,6 ELB)

Gott will dich rundum unterstützen. Er möchte dir alles geben, was du gerade nötig hast. Sein Plan ist, dir beizustehen. Deshalb hat er dir als Helfer den Heiligen Geist gesandt. Der Geist Gottes ist in dir, auch wenn du ihn nicht sehen kannst oder manchmal vielleicht auch nicht spürst. Der Geist Gottes ist präsent und bereit, dir zu helfen. Vielleicht kannst du ganz kurz mal deine Augen schließen und Gott Danke sagen für den Heiligen Geist. Begrüße den Heiligen Geist in deinem Herzen und höre, was er dir sagen möchte!

DEIN HEISSER DRAHT ...

Die Bibel lehrt uns:

> *Wenn ihr aber durch den Geist geleitet werdet, seid ihr nicht unter dem Gesetz. (Galater 5,18 ELB)*

Sobald der Heilige Geist in dein Leben gekommen ist, hat sich in deinem Leben etwas radikal verändert. Das Gesetz sagte dir ständig: »Arbeite! Bringe Leistung! Du musst!« Das neue Leben im Geist dagegen erklärt dir die Gnade und sagt dir: »Ruhe, denn Jesus hat alles bezahlt! Du bist frei zu lieben, denn du wirst bereits geliebt.«

Die Bibel fordert dich auf, dich vom Geist Gottes in Freiheit leiten zu lassen. Das bedeutet, nicht mehr länger aus Druck heraus irgendetwas tun zu müssen, weil man es eben so macht, sondern stattdessen in der Kraft des Geistes entspannt, aber erfolgreich arbeiten zu können. Der Geist Gottes bringt Ruhe, Frieden, Kraft und Geduld in dein Leben.

Also gib dem Geist Gottes in dir Raum, damit er aufblühen kann! Beginne, auf Gottes Geist zu hören! Vielleicht hilft es dir, wenn du weißt und bejahst, welche Art Persönlichkeit du bist. Ich habe schon gesagt, dass ich Gott viel mehr durch Gedanken höre als durch Gefühle. Wenn ich zum Beispiel wie jetzt gerade am Schreiben bin, dann frage ich Gott ständig, was ich schreiben soll und wie, damit die Menschen es verstehen können. Ich bete immer wieder: »Gott, was ist wichtig für die Menschen, die heute auf dieser Erde leben?« Gott hört dieses Gebet und der Heilige Geist übermittelt mir die entsprechenden Gedanken. Oder wenn ich frühmorgens aufwache – dann beginne ich oft, mit Gott zu sprechen. Dann schenkt mir der Heilige Geist neue Gedanken, die er mir direkt von Gottes Herz übermittelt.

Zu dir spricht Gott vielleicht mehr durch deine Gefühle. In einer Anbetungszeit brichst du vielleicht in Tränen aus, weil du Gottes Nähe intensiv spüren kannst – so begegnet er dir durch den Heiligen Geist. Wenn du ihn so erlebst, dann genieße diese Zeiten! Jeder Mensch hat seine eigenen Begegnungen mit Gott und dem Heiligen Geist. Es gibt keine pauschalen Regeln, wie der Heilige Geist uns Menschen berührt. Aber Fakt ist, dass er jedem Menschen liebevoll begegnen will.

Darum lass dich ermutigen, Zeit mit Gott zu verbringen. Der Heilige Geist ist dein persönlicher Übermittler. Er bringt dir Post von Gott. Höre auf den Heiligen Geist und lasse dich von ihm leiten! Ich bin überzeugt, du wirst ihn hören und verstehen.

Manchmal spricht Gott auch ganz überraschend. Früher hatte ich oft einen Druck im Ohr und dann hörte ich ein pfeifendes Geräusch. Anfangs dachte ich, die Musik sei zu laut gewesen oder ich hätte zu viel um die Ohren – bis ich im Laufe der Jahre gemerkt habe, dass dies ein Zeichen des Heiligen Geistes ist. Das hat sich immer wieder bestätigt: Wann immer ich dieses Geräusch höre, gibt es Menschen, die es mit uns oder mit unserer Kirche nicht gut meinen. In der Zwischenzeit habe ich gelernt, bei diesem Geräusch sofort zu beten und uns unter Gottes Schutz zu stellen. Dies hilft mir dann kurze Zeit später, gewissen Menschen zu begegnen. Es hilft mir auch, in Gesprächen die richtigen Entscheidungen zu treffen. Dieses Pfeifen wurde mir zum Warnsignal und ist mir eine wunderbare Hilfe. Der Heilige Geist ist unser Helfer. Er will auch dir helfen und dich unterstützen, damit du in deinem Leben die richtigen Entscheidungen treffen kannst. Darum öffne deine Augen und Ohren und erkenne, auf welche Weise Gott zu dir spricht!

Der Heilige Geist hat schon oft durch Träume und Bilder zu mir gesprochen. Dann sehe ich vor meinem inneren geistlichen Auge ein klares Bild, das sich später oft bestätigt. Lange habe ich in unserer früheren Kirche während der Anbetungszeiten immer wieder einen Wald von oben gesehen. Als wir später die Entscheidung treffen mussten, ob wir in Stuttgart arbeiten möchten, hat

Gott durch den großen Wald um den Fernsehturm herum zu mir »gesprochen«. Wir waren damals oben auf dem Turm und ich sah den Wald von oben. Es war exakt dasselbe Bild wie damals in den Anbetungszeiten. So hat der Heilige Geist durch dieses Bild mir damals persönlich bestätigt, dass Stuttgart Gottes Plan für unsere Zukunft ist. Gott spricht durch den Heiligen Geist – und zwar nicht nur zu mir. Er will auch dich leiten, sei es durch Bilder, Gedanken, Träume oder einfach durch Begegnungen mit Menschen. Finde auch du deinen persönlichen »heißen Draht« zum Heiligen Geist, pflege ihn und gib ihm Freiraum, damit er aufblühen kann!

... RUND UM DIE UHR!

Vor einiger Zeit träumte ich von einer Schlange, die sich unglaublich frech vor mir aufbäumte. Ich reagierte verängstigt, denn die Schlange beeindruckte mich mit ihrer Macht. Dann nahm ich einen Stein in die Hand und schlug der Schlange gegen den Kopf. Die Schlange brach in sich zusammen und zerbröckelte in kleine Einzelteile, zu einem Häufchen Staub. Ich nahm eine kleine Tüte, kehrte den Staub zusammen und warf ihn in die Mülltonne.

Dieser Traum hat mir schon oft geholfen, mit den Angriffen Satans fertig zu werden. Unser Feind kann sich wie eine Schlange aufbäumen und uns stark beeindrucken, damit wir große Angst bekommen und Gottes Plan für unser Leben nicht ausführen. Aber in uns drin lebt der Geist der Kraft, der größer ist als alles andere. Wenn wir diesen Geist aufblühen lassen und ihn einsetzen, dann muss alles Böse verschwinden.

Der Geist Gottes lebt in dir. Er will auch zu dir in Träumen sprechen. Bitte Gott um gute Träume, in denen er zu dir reden darf! Schreibe die Träume auf und lasse dich davon inspirieren! Ich selbst bitte Gott auch immer wieder um Inspiration im Schlaf oder besser gesagt im Halbschlaf. Denn nicht nur beim Schreiben, sondern auch in diesen Zeiten schenkt mir Gott häufig neue und wichtige Gedanken, die ich dann am Morgen aufschreiben kann. Oft bin ich mit meiner Arbeit als Ehefrau, Mutter, Hausfrau, Pastorin und Autorin echt überfordert, weil ich für die einzelnen Bereiche nicht so viel Zeit zur Verfügung habe. Aber immer wieder merke ich, wie Gott auch diese Situation sieht. Er spricht zu mir während des Kochens, unter der Dusche oder oft eben auch im Halbschlaf. Genauso hat Gott auch deine Lebenssituation im Blick und genau darin wird er sich dir zeigen.

ANDACHTSBUCH UND ZAHNPASTA

Der Heilige Geist stattet dich mit Weisheit und brillanten Ideen aus. – In der Bibel lesen wir:

Der Herr steht allen bei, die allein ihm vertrauen.
Auf der ganzen Welt sucht er nach solchen Men-
schen. (2. Chronik 16,9 HFA)

Gott ist auf der Suche nach dir! Weißt du, diesen Vers
habe ich vor einigen Jahren gelesen und ich war total »ge-
flasht«. Gott sucht nach Menschen auf dieser Erde, die in
der heutigen Zeit ihm vertrauen, auf ihn hören und das
tun, was er ihnen durch den Heiligen Geist sagt. Nimm
diesen Vers ernst! Gott hat dir unglaublich viel zu sagen,
denn er hat einen Plan mit dieser Welt und er wünscht
sich nichts mehr als Menschen, die auf ihn hören und ihn
von Herzen lieben.

Als ich vor einem Jahr mein erstes Buch veröffent-
lichen wollte, da war es für mich sehr schwierig, einen
Verlag zu finden. Mit meinem Mann und meinen Freundinnen betete ich intensiv um den richtigen Verlag für
meine Bücher. Fünf Monate vor der Veröffentlichung
hatte ich noch keine Lösung, denn ich war unbekannt –
und wer riskiert schon, die Bücher einer unbekannten
Autorin herauszubringen? Doch der Heilige Geist führte
mich auf übernatürliche Art und Weise zum Grace today
Verlag. Eines Morgens lag überraschend ein Paket in unserem Briefkasten. Dan und ich öffneten gemeinsam das
Paket und fanden darin zwei Leseexemplare aus dem
Verlag Grace today. Wir kannten diesen Produzenten
nicht, aber Dan meinte sofort: »Hey Karin, vielleicht ist ja
das dein Verlag!« Und genau so war es. Gott hatte unsere

Gebete erhört und durch seine Kraft einen neuen Weg in unseren Briefkasten gelegt. Heute haben wir eine großartige Zusammenarbeit. Der Heilige Geist hat uns zusammengeführt und unser Vertrauen auf Gott belohnt.

Ich bin davon überzeugt, dass der Heilige Geist mit uns auch über kleine alltägliche Dinge spricht. Kürzlich war ich beim Einkaufen. Ich schaute im Regal die Zahnpasta an und eine innere Stimme sagte mir: »Kaufe Zahnpasta!« Auf meinem Einkaufszettel war aber keine Zahnpasta vermerkt, also kaufte ich keine. Zu Hause hörte ich eine Stimme aus dem Bad: »Mama, es ist keine Zahnpasta mehr da!« Der Heilige Geist leitet deine Gedanken viel mehr als du denkst, denn er will das Beste für dich. Wenn du ihn hörst, dann kannst du dich entscheiden, ihm zu folgen oder ihn zu ignorieren. Je mehr du mit dem Heiligen Geist vertraut wirst, desto besser erkennst du sein Reden. Übung macht den Meister.

Meinen Haushalt erledige ich oft gemeinsam mit dem Heiligen Geist. Reinigungsarbeiten sind ja nicht meine Lieblingsbeschäftigung muss ich ehrlich gestehen. Aber wenn ich mit dem Heiligen Geist zusammenarbeite, dann läuft meine private Reinigungsfirma einfach viel schneller. Probiere es selbst aus und beziehe den Heiligen Geist ganz praktisch in deine Arbeit mit ein! Es kommt dabei überhaupt nicht darauf an, wo du arbeitest. Der Heilige Geist ist mit dir, sei es im Büro, in der Schule, in der Agentur, im Kaufhaus, auf dem Traktor oder auf der

Straße. Der Heilige Geist ist in dir und will dich bei deiner Arbeit unterstützen.

Wie du sehen kannst, lohnt es sich also sehr, auf die Stimme des Heiligen Geistes zu hören. Erwarte Anweisungen von Gott! Ich möchte dich aber darauf hinweisen, jeden Eindruck, bei dem es um mehr geht als nur um Zahnpasta, wirklich zu prüfen. Ich habe schon erlebt, wie Christen mit geistlichen Eindrücken und Prophetien auf andere Menschen viel Druck ausgeübt haben. So hat Gott es nicht gemeint. Wann immer du für andere Personen oder auch für dich selbst einen geistlichen Eindruck hast, dann gib ihn niemals als absolute Wahrheit weiter, denn du bist nicht Gott. Lass jede Prophetie prüfen und sag nie »Du wirst ...« oder »Gott hat mir gesagt ...«, sondern beschreibe einfach, was du Ermutigendes gesehen oder gehört hast! Gott wird zu seiner Zeit deinen Eindruck bestätigen.

DEIN BEISTAND

Paulus schreibt:

> *Weil ihr für mich betet und Jesus Christus mir durch seinen Geist beisteht, vertraue ich darauf, dass hier alles zum Besten für mich ausgehen wird.*
> *(Philipper 1,19 HFA)*

Wie oft stehen wir doch da und haben nicht unbedingt den Eindruck, dass alles zum Besten ausgehen wird. In diesem Vers wird der Geist Gottes als Beistand beschrieben. Der Heilige Geist ist dein Beistand. Egal in welcher Situation du gerade stehst, er ist Seite an Seite neben dir und sogar in dir und unterstützt dich.

Vielleicht gibt es Dinge in deinem Leben, die du einfach nicht loswerden kannst – vielleicht eine Sucht oder schlimme Ereignisse, die dein Leben immer wieder bestimmen wollen. Weißt du, wir können um Befreiung und Heilung von einer Sucht beten, aber danach ist es entscheidend, dass du eine neue Art zu leben trainierst. Dasselbe gilt, wenn du mit übler Nachrede aufhören oder andere nicht länger belügen willst. Was auch immer deine Herausforderung ist, der Beistand namens Heiliger Geist hilft dir dabei. Er erinnert dich daran, wer du wirklich bist: Du bist gerecht! Die Bibel lehrt uns:

Durch seinen Tod am Kreuz in menschlicher Gestalt hat er euch mit sich versöhnt, um euch wieder in die Gegenwart Gottes zurückzuholen und euch heilig und makellos vor sich hinzustellen. (Kolosser 1,22)

Jesus hat dich in die Gegenwart Gottes zurückgeholt und da bist du jetzt. Er hat dich heilig und makellos gemacht und so stehst du jetzt vor Gott dem Vater und vor Jesus Christus. Wow! Und an all das erinnert dich der Heilige Geist. Ich möchte dich ermutigen, auf diesen Impuls des Heiligen Geistes zu reagieren. Glaube in deinem Herzen, dass du die Gerechtigkeit Gottes in Christus bist und sprich es aus! Zum Beispiel so:

In Christus bin ich die Gerechtigkeit Gottes! Derselbe Geist, der Christus von den Toten auferweckt hat, lebt in mir. Daher steht mir genau diese Auferstehungskraft zur Verfügung, nichts ist mehr unmöglich! Und alles, was immer noch behauptet, es sei unmöglich, soll sich mal warm anziehen! Denn jetzt gehen wir zum Angriff über![6]

KRAFT, LIEBE UND WEISHEIT

Du hast das Privileg, den Heiligen Geist in Anspruch zu nehmen, dich von seiner Kraft erfüllen zu lassen und nicht mehr länger kraftlos durchs Leben zu gehen. In der Bibel lesen wir:

Denn Gott hat uns keinen Geist der Furcht gegeben, sondern sein Geist erfüllt uns mit Kraft, Liebe und Besonnenheit. (2. Timotheus 1,7 HFA)

Welche Power steckt in diesem Vers. Angst ist nicht von Gott. Angst kommt von Satan. Er will dir Angst einjagen, indem er dir schlechte Gedanken gibt und dich

---

6 Rob Rufus, *Ergreife das Unerreichbare*, S. 33.

in Versuchung führt, Böses zu tun. Denke dabei an meinen Traum mit der Schlange! Satan kann sich unglaublich mächtig vor dir aufbäumen. Aber in dir drin steckt ein anderer Geist, nämlich der Geist der Kraft, der Liebe und der Besonnenheit. Weil Gottes Geist stärker ist, hast du die Chance, im Namen Jesu dem Bösen zu gebieten und Gutes über deinem Leben auszusprechen. Vielleicht wirst du immer wieder von Ängsten geplagt, aber dann erinnere dich an den Beistand, der in dir wohnt! Sprich in solchen Momenten dieses Gebet aus:

Danke, Heiliger Geist, dass du in mir wohnst. Im Namen Jesu wende ich mich von der Angst ab! Angst, du hast keinen Anspruch auf mein Leben, denn in mir wohnt der, der größer ist als du. Verschwinde aus meinem Leben! Im Gegenzug empfange ich jetzt Kraft, Frieden und Ruhe von Jesus Christus, weil der Heilige Geist in mir drin freigesetzt wird. Amen!

Der Geist der Kraft wird dich stärken. Gott hält unglaublich viel Energie für dich bereit. Du hast täglich die Möglichkeit, durch den Geist Gottes diese übernatürliche Kraft zu empfangen und einzusetzen. Besonders dann, wenn du dich kraftlos fühlst oder zu erschöpft, um überhaupt noch irgendwelche Beziehungen zu pflegen: Empfange durch den Heiligen Geist die Kraft Gottes und setze sie ein! Der Geist der Kraft ist bereits in dir. Du brauchst ihm nur Freiraum zu geben und ihn in dir aufblühen zu lassen.

Vielleicht fühlst du dich anderen Menschen gegenüber manchmal lieblos oder deine Geduld geht langsam zur Neige. Dann darfst du heute wissen: Der Geist der Liebe ist in dir! Gott selbst hat seine Liebe in dein Herz hineingegossen. Ja, richtig gehört: gegossen, nicht nur getröpfelt! Und der Geist der Liebe lebt in dir. Heiße diesen Geist der Liebe willkommen und aktiviere ihn! Versuche gar nicht erst, andere Menschen aus deiner eigenen Liebe heraus zu lieben, sondern gebrauche die göttliche Liebe, die in dir drin steckt.

Vielleicht fehlt es dir momentan nicht an Liebe, aber du stehst vor herausfordernden Entscheidungen. Du fühlst dich genervt und unter Druck. Dann denke daran, dass der Geist der Besonnenheit in dir wohnt! Gottes Weisheit ist bereits in dir drin und du darfst sie anwenden. Der Heilige Geist will dir den richtigen Weg weisen, damit du relaxt ans Ziel kommst. Lasse dich immer wieder in Gottes Hand fallen und dir vom Heiligen Geist Gottes Richtungsweisungen geben! Ich bin überzeugt, dies wird enorm viel Kraft, Freude und Motivation in deinen Alltag bringen.

Deine Beziehung zu dem dreieinigen Gott ist die Grundlage für alle deine weiteren Beziehungen. Darum setze alles daran, deine persönliche Beziehung zu Gott täglich ein Stück weiter zu vertiefen. Ich bin überzeugt, je mehr du deine Beziehung mit Gott pflegst, desto mehr wird der Heilige Geist zu dir sprechen – durch eine Predigt, durch dein Gebet, durch deine Anbetung und durch andere Menschen. Wirklich tiefe Begegnungen mit Gott hängen nicht von anderen Menschen ab, sondern von deiner eigenen Gottesbeziehung. *Je offener dein Herz für Gott ist, je empfänglicher es ist für Gottes Mitteilungen und desto mehr übernatürliche Erfahrungen wirst du mit Gott erleben.*

Die intensivste Kommunikation mit Gott geschieht in der Gemeinschaft mit Christen. Die Bibel lehrt uns, wo zwei oder drei von ihnen zusammen sind, ist Gott mitten unter ihnen. Jesus sagte:

Und ich sage euch auch: Wenn zwei von euch hier auf der Erde darin eins werden, eine Bitte an Gott zu richten, dann wird mein Vater im Himmel diese Bitte erfüllen. Denn wo zwei oder drei zusammenkommen, die zu mir gehören, bin ich mitten unter ihnen. (Matthäus 18,19-20)

Weil die Gemeinde die Braut Jesu Christi ist, genießt sie seine besondere Aufmerksamkeit.

Kapitel 5

Seite an Seite

MIT DIR SELBST

Der erste Mensch, den du leitest, bist immer du selbst. Deswegen ist es entscheidend wichtig, wie wir mit uns selbst umgehen. Dein Selbstbild beeinflusst sogar in gewissem Sinne deine Identität. Wie denkst du über dich selbst? Wer bist du und was ist dein Auftrag in dieser Welt? Ich finde, der folgende Bibeltext ist einer der wunderbarsten über uns Menschen:

> *Ich danke dir, dass du mich so herrlich und aus-*
> *gezeichnet gemacht hast! Wunderbar sind deine*
> *Werke, das weiß ich wohl. (Psalm 139,14)*

Ich liebe diese Textstelle, denn Gott sagt uns hier ganz klar und deutlich, dass jeder Mensch herrlich und ausgezeichnet gemacht ist. Du bist ausgezeichnet! Es gibt auf dieser Erde keine einzige Kopie von dir und du selbst bist auch keine Kopie. Du bist ein Original!

Vielleicht sagst du jetzt: »Ach ja, diesen Bibelvers kenne ich auswendig.« Du weißt eigentlich, dass Gott dich wunderbar gemacht hat. Aber deine Gefühle sagen dir oft auch etwas anderes. Du fühlst dich nicht wirklich wunderbar gemacht. Wenn du dich mit anderen Menschen vergleichst, dann entdeckst du bei dir selbst einen Mangel. Du hast gewisse Dinge nicht, die andere haben, und genau das nervt dich und macht dich unglücklich. Sieh mal nur auf dich und auf das, was Gott in dich hineingelegt hat! Hör auf, dich mit anderen zu vergleichen, denn das macht dich nur unglücklich! Gott sagt über dich, dass er dich wunderbar und einzigartig gemacht hat.

Früher hatte ich ein sehr schlechtes Bild von mir selbst. Ich fühlte mich oft abgelehnt und nicht wirklich wertvoll – bis ich gemerkt habe, dass ich in Gottes Augen extrem wertvoll bin. Als Kind Gottes hast du Privilegien und viele Vorteile, weil du mit dem Gott, der dich wunderbar gemacht hat, in enger Verbindung stehen kannst. In diesem Psalm heißt es weiter:

Du hast mich gesehen, bevor ich geboren war. Jeder Tag meines Lebens war in deinem Buch geschrieben. Jeder Augenblick stand fest, noch bevor der erste Tag begann. (Psalm 139,16)

Wie liebevoll und entspannend ist doch diese Textstelle. Gott hat dich schon längst im Blick und jeder Tag ist ihm bekannt. Er besitzt ein fertiges Tagebuch über dein Leben. Darum weiß er, was alles noch auf dich zukommen wird. Und genau für dieses Leben hat Gott alles in dich hineingelegt, was du dazu brauchst. Er hat dich mit Stärken und mit Lebenserfahrungen ausgestattet, die dir helfen, dein Leben zu meistern.

Wenn ich über mein Leben nachdenke, dann hat Gott mich immer wieder auf den nächsten Schritt vorbereitet. Beispielsweise war ich, wie bereits erwähnt, früher stundenlang mit meinem Vater im Lkw auf der Straße unterwegs und habe mit ihm zusammen Menschen gesunde Nahrung gebracht. Heute mache ich in unserer Multisite-Kirche mit einem großen Einzugsgebiet in verschiedenen Städten nichts anderes: Ich bin unterwegs, um gute Nahrung auszuteilen – Gottes Wort. Zudem reise ich zunehmend, um auf Frauenkonferenzen zu sprechen und auch so Menschen geistliche Nahrung zu bringen. Diese Reisen fallen mir überhaupt nicht schwer; Gott hat mich schon längst dafür vorbereitet, als ich noch ein kleines Mädchen war.

EINFACH DANKE SAGEN

Du musst nicht das Leben deines Nachbarn oder deines Partners meistern. Du bist für dein eigenes Leben verantwortlich und für deinen Lebensstil. Gott wünscht sich von dir, dass du mit anderen Menschen liebevoll und zuvorkommend umgehst – und auch mit dem, was Gott für dich geplant hat. Darum hör einfach auf, dich mit anderen Menschen zu vergleichen! Vielleicht kannst du dich ab und zu mal kurz total relaxt auf dein Sofa setzen und Gott einfach Danke sagen, dass er alles wirklich gut für dich vorbereitet hat. Gott hat dein Leben im Griff. Gott ist nicht überfordert mit dir, er verurteilt dich nicht und wird dich auch niemals aufgeben. Vielleicht hilft es dir, wenn du diese Tatsache einfach mal richtig feierst. Tu dir dazu was Gutes, kaufe dir Blumen und denke darüber nach, wer du in Gottes Augen wirklich bist! Verbringe in Gedanken Zeit mit Gott und spüre dabei seine Liebe für dich und die Tatsache, dass er jeden Tag Gutes für dich geplant hat!

Gott ist nicht überfordert mit dir, er verurteilt dich nicht und wird dich auch niemals aufgeben.

Vielleicht hast du oft sehr negative Gedanken über dich selbst. Du fühlst dich weniger wert als andere und nicht würdig, gute Beziehungen zu haben. Vielleicht ist das ja der Grund, warum du dich von Beziehungen eher fernhältst. Oder du hast vielleicht sogar Angst, feste Beziehungen einzugehen, nicht zuletzt weil du erlebt hast, wie Beziehungen zerbrochen sind. Ich kann verstehen, dass deine Gefühle dir in dieser Situation Einiges erzählen. Deine Vergangenheit hat Einfluss auf deine Gegenwart, aber nicht auf deine Zukunft.

EIN REINES HERZ

Die Bibel lehrt uns:

> *Wer ein reines Herz hat und gut reden kann, ist der Freund des Königs. (Sprüche 22,11)*

Durch Jesus Christus hast auch du ein reines Herz. Er hat für alles bezahlt, wo du schuldig wurdest. Der Heilige Geist lebt in dir, deshalb kannst du gut reden und demnach bist du der Freund des Königs. Du bist der Freund des allmächtigen Königs im Himmel. Du kannst aber auch ein guter Freund für andere Menschen werden. Denn die Kraft Gottes wohnt in dir und hilft dir, Beziehungen aufzubauen. Gott hat schon alles in dir vorbereitet, damit du in Beziehungen leben kannst. Gib deine Verletzungen und schlechten Erfahrungen bei Jesus ab und lass die Liebe Gottes in dein Herz fließen! Trage diese Last nicht mehr länger auf deinen eigenen Schultern! Denn solche mitgeschleppten Lasten hindern dich daran, entspannte Beziehungen zu haben.

GOTT WILL DICH HEILEN

In der Bibel lesen wir:

Der Herr aber ist der Geist, und wo immer der
Geist des Herrn ist, ist Freiheit. (2. Korinther 3,17)

Du bist zur Freiheit berufen, denn Jesus hat längst alle
deine Verletzungen am Kreuz getragen und für die Heilung bezahlt. Deshalb kannst du deine Verletzungen zu
Jesus bringen und die Freiheit in Jesus Christus empfangen. Wenn du dazu noch mehr wissen möchtest oder
Anleitung und Unterstützung brauchst, findest du sie in
meinem Buch »Aufstehen ist göttlich«, in dem ich ausführlich über Vergebung und Heilung geschrieben habe.
Gott ist ein Gott der Heilung. Er hat den Willen und die
Kraft dazu, die tiefsten Verletzungen deines Lebens wirklich vollständig zu heilen.

In der Bibel heißt es:

Er hat mich gesandt, um die zu heilen, die ein ge-
brochenes Herz haben, und zu verkündigen, dass
die Gefangenen freigelassen und die Gefesselten be-
freit werden. (Jesaja 61,1)

In Gottes Augen bist du extrem wichtig. Du bist für ihn
eine kostbare Perle. Er will dich heilen und befreien. Je-

sus hat bereits am Kreuz dafür bezahlt. Vielleicht kannst du einen Moment innehalten und alle deine Verletzungen auf einen Zettel schreiben. Dann kann es hilfreich sein, einer guten Freundin oder jemandem, dem du vertraust, davon zu erzählen und anschließend diesen Zettel ans Kreuz, also zu Jesus, zu bringen. Lege im Gebet alle deine Verletzungen bei Jesus ab und empfange von ihm Heilung, Frieden, Ruhe und neue Energie! Sprich mit Jesus über dein Herz und lass dich von ihm berühren, denn er ist durch den Heiligen Geist bei dir! Als Zeichen dafür kannst du anschließend den Zettel in kleine Stücke zerreißen und entsorgen. Ich bin überzeugt, wir Christen brauchen mehr solche tiefen und echten Begegnungen mit Jesus, denn allein durch ihn ist komplette Heilung möglich.

DU BIST WICHTIG

Kürzlich las ich auf Facebook folgende Geschichte:

Kate Ogg aus Sydney (Australien) brachte in einer Frühgeburt Zwillinge zur Welt, die Geburt verlief jedoch nicht ohne Komplikationen. Beide Babys schwebten in akuter Lebensgefahr und die Ärzte kämpften verzweifelt um das Leben der Neugeborenen. Schließlich konnten sie das Leben des Mädchens Emily retten, aber der Junge Jamie schaffte es nicht mehr und wurde für tot erklärt. Als den Eltern die Schreckensnachricht mitgeteilt wurde, brach eine Welle der Erschütterung und Traurigkeit über sie herein.

Zwanzig Minuten nach der Geburt brachte eine Hebamme den Eltern das leblose Baby, damit sie noch einmal kurz Abschied nehmen konnten. Seine winzigen Arme hingen schlaff vom Körper herab und sein kleiner und zierlicher Körper zeigte keine Regung. Ein unvorstellbarer und schmerzhafter Anblick für die Eltern. Als der kleine Jamie in den Armen der Mutter lag, wollte sie ihn aber nicht mehr hergeben. Die Verbindung zu dem Baby war noch sehr stark, und sie konnte sich nicht mit dem Tod des Kleinen abfinden. Liebevoll wickelte sie ihn in ihr Nachthemd ein und umarmte und streichelte ihren Sohn. Sie sang Kinderlieder und küsste ihn liebevoll auf die Stirn. Immer wieder flüsterte sie dem Baby ins Ohr: »Du hast eine kleine Schwester, bitte bleib bei uns. Sie braucht ihren Bruder, wir unseren Sohn.«

Ganze zwei Stunden waren bereits vergangen. Die Ärzte konnten den traurigen Anblick der Mutter mit ihrem leblosen Kind nicht mehr ertragen und wollten ihr das Kind nun endlich abnehmen. Doch plötzlich ... die Mutter war sich sicher, einen Atemzug des Kindes gehört zu haben! Die herbeigeeilten Ärzte erklärten, es müsse sich dabei um einen Re-

flex handeln. Aber nur Sekunden später geschah das Wunder – der kleine Säugling öffnete seine Augen und sah seine Mutter direkt an. Er fing an, sich zu bewegen, und griff mit seiner kleinen Hand nach dem Finger der Mutter. Als dann kurz darauf der erste Schrei folgte, war die Sensation perfekt: Jamie lebte! Die Ärzte konnten es nicht glauben. Bis heute sprechen sie von einem Wunder.[7]

Der Mutter war dieses Kind so wichtig. Sie liebte es und kuschelte es an ihren Körper. Genauso wertvoll bist du in Gottes Augen und er möchte nur das Allerbeste für dich. Er liebt dich über alles und er sieht dich als wertvolle und sehr wichtige Persönlichkeit an. Auch wenn es manchmal in deinem Leben Zeiten gibt, die nicht einfach sind, dann hat Gott dich trotzdem im Blick.

EINE NEUE OPTION

Vielleicht kennst du die folgende Geschichte von Elia. Sie steht im Alten Testament in 1. Könige 17. Der Prophet Elia bekam von Gott den Auftrag, wegen einer Dürre an den Bach Krit zu gehen. Dort würde Gott ihn mit Wasser und anderen Dingen versorgen. Elia folgte Gottes Anweisungen. Er kam zu dem Bach, doch wenig später vertrocknete der Bach – so ein Mist! Elia hätte verzweifeln kön-

---

7 http://motivationsgeschichten.blog.de/2010/09/06/mutterinstinkt-9318627/

nen. Aber er hörte auf die neue Anweisung Gottes und kam an einen neuen Ort, an dem er wieder wunderbar versorgt wurde.

Wie oft fühlen wir uns doch ausgetrocknet und sind frustriert. Dann laufen wir Gefahr, an uns selbst zu zweifeln und unsere Gefühle fahren Achterbahn, weil wir uns als Versager sehen und das Gefühl haben, nicht wirklich vollwertig zu sein. Aber auch für dich hat Gott in jeder Situation eine neue Option. Eine gute Option! Darum gib nie auf, sondern entdecke immer wieder eine neue Chance bei Gott! Bei Gott ist Hoffnung! Je fester du Gottes Hoffnung in deinem Herzen verankerst, desto wohltuender und genießbarer wird dein Leben Seite an Seite mit ihm und dir selbst sein. Denn Gott liebt dich über alles und hat dein Zukunfts-Tagebuch im Blick. Es gibt nichts, dass Gott nicht bekannt wäre. Er hat alles für dich vorbereitet.

WUNDERBARE TALENTE

Gott hat einen wunderbaren Plan für dein Leben. Er hat dich auf diese Erde gestellt, um diese Welt zu verschönern und besser zu machen. Dazu hat er dich ausgewählt und mit wunderbaren Talenten ausgestattet. In der Bibel lesen wir:

Jedem Einzelnen von uns aber hat Christus beson-
dere Gaben geschenkt, so wie er sie in seiner Gnade
jedem zugedacht hat. (Epheser 4,7 HFA)

In dir steckt ein besonderes Geschenk an natürlichen und geistlichen Talenten – und du darfst diese göttlichen Geschenke auspacken. Ich möchte dich ermutigen, deine Talente zu entdecken. Schaue nicht darauf, was die anderen haben und was sie gut können! Du hast die Verantwortung für dein eigenes Paket. Nutze die Zeit, packe es aus und setze deine Gaben für das ein, was Gott für dich vorbereitet hat! Ich habe manchmal den Eindruck, dass viele Christen zu viel Zeit damit verschwenden, sich über sich selbst zu beklagen, anstatt ihre Talente aufblühen zu lassen.

Je mehr du deine Persönlichkeit
dankbar annehmen kannst, desto
mehr wirst du fähig, andere
Menschen zu lieben.

Gott hat einen genialen Plan für dein Leben. Mach ihn dir zu eigen! Früher hätte ich niemals gedacht, dass ich irgendwann vor Menschen sprechen würde. Ich war eine sehr scheue Persönlichkeit. In meinen Zeugnissen stand es schwarz auf weiß. Ich hatte Angst vor Menschen, war verunsichert und fühlte mich für diese Welt nicht gerade wertvoll. Dann machte ich einen Gabentest, der ergab, dass ich das Talent der Ermutigung und der Lehre habe. Aber ich war wie blockiert, diese Talente einzusetzen. So fing ich an, mit Gott darüber sprechen. Eines Nachts hatte ich dann einen Traum: Jemand kam an mein Bett und riss eine giftige Wurzel aus meinem Mund, die tief in meinem Magen verwurzelt war; anschließend hatte ich drei Tage lang Schmerzen im Hals. Doch danach konnte ich erstmals auf der Bühne sprechen! Gott hat mich Schritt für Schritt auf meinen Auftrag vorbereitet und mich befreit und heute liebe ich es, wenn ich Menschen durch die Predigt ermutigen darf. – In der Bibel können wir lesen:

Die Menschen zu fürchten ist eine gefährliche Falle, wer aber auf den Herrn vertraut, lebt unter seinem Schutz. (Sprüche 29,5)

Andere Menschen können dich von dem Plan, den Gott für dich vorbereitet hat, abhalten. Wenn du dich ständig fragst, was die Menschen über dich denken könnten, dann wirst du vieles nicht tun, das du eigentlich solltest. Menschen können dich daran hindern, Gottes Plan für dein Leben auf dieser Welt auszuführen. Darum lass dein Leben nicht von Menschen dirigieren und glaube nicht allem, was du denkst, sondern lass zuallererst Gott in dein Leben hineinsprechen. Er kennt dein Tagebuch schon im Voraus und er wird dich leiten.

Wenn du im Rahmen von Gottes Plan deinen Weg gehst, wird deine Beziehung zu ihm immer intensiver. Gott möchte, dass du ganz entspannt du selbst sein kannst. Genau das ist die Grundlage dafür, andere Menschen wirklich zu lieben und den Plan Gottes für dein Leben vollmächtig umzusetzen. Deshalb möchte ich dich ermutigen: Sei dankbar für all das, was Gott in dich hingelegt hat! Dankbarkeit ist das Geheimnis der Selbstannahme. Je mehr du deine Persönlichkeit dankbar annehmen kannst, desto mehr wirst du fähig, andere Menschen zu lieben. Denn nur in dieser Position kannst du entspannt und glücklich dein Leben genießen.

DEIN TÄGLICHER KRAFTRIEGEL

Vielleicht fühlst dich manchmal kraftlos oder überfordert damit, Seite an Seite mit dir selbst zu leben. Es fehlt dir an Energie, um wirklich so richtig glücklich und zufrieden zu sein. Dr. Wendy Treat schreibt in ihrem Buch *Shoes Wisely*: »Embrace God's Word! When we obey God's Word we reap the results of His Word and we bring His Presence into our lives. Instead of defeat, Victory is released. – Mach dir Gottes Wort zu eigen, nimm es in dich auf! Wenn wir dem Wort Gottes gehorchen, werden wir dessen Resultate ernten und Gottes Gegenwart in unser Leben bringen. Statt besiegt zu werden, haben wir den Sieg.«

Gottes Wort ist eine unglaublich krasse Kraftquelle für dein Leben. Ich möchte dich ermutigen, Gottes Wort zu lesen. Stärke dich täglich mit Gottes Wort! Wir Menschen pflegen unseren Körper, wir investieren in unsere Gesundheit – und unsere Seele braucht ebenso eine wohltuende Pflege. Nimm also Gottes Wort wie einen Kraftriegel zu dir! Nicht, weil Gott es so von dir erwartet, sondern weil du Gottes Wort in dich aufnehmen möchtest. Suche dir einen schönen Platz in deiner Wohnung! Vielleicht einen wunderschönen Sessel, an dem du in Ruhe und ganz entspannt Gottes Wort lesen und dich stärken kannst. Je mehr du Gottes Wort in Liebe in dich aufnimmst, desto entspannter werden deine Begegnungen mit dem allmächtigen Gott. Falls es dir schwerfällt, die Bibel zu lesen, dann kann dir mein Andachtsbuch »Liebe dein Leben jeden Tag« eine großartige Hilfe sein. Je mehr du dein Leben aus der Liebesbeziehung zu Gott heraus führst, desto mehr wirst du entspannen und dein Leben genießen können.

Je mehr du Gottes Wort in Liebe in dich aufnimmst, desto entspannter werden deine Begegnungen mit dem allmächtigen Gott.

TÜCHTIG, TÜCHTIG!

Die Bibel lehrt uns:

Eine tüchtige Frau ... ist wertvoller als die kostbarsten Edelsteine. (Sprüche 31,10)

Tüchtige Menschen werden in der Bibel als wertvoll beschrieben. Auch in den Sprüchen lesen wir über die fleißigen Ameisen. Arbeiten ist etwas Gutes! Wenn du allerdings versuchst, aus eigener Kraft tüchtig zu sein, wird das sehr schnell anstrengend und mühsam. Aber Menschen, die entspannt aus Gottes Kraft heraus arbeiten, haben eine unglaublich starke Power und Ausdauer. Wenn ich an Ausdauer denke, dann kommt mir immer wieder mein Großvater in den Sinn. Er hatte seine Eltern früh verloren und besaß nicht gerade viel. Doch er wollte mit seiner Familie einmal in einem schönen Haus wohnen, also baute er es selbst. Zuerst musste die Baugrube ausgehoben werden. Heutzutage ist es für uns selbstverständlich, dass dafür ein Bagger kommt. Mein Großvater jedoch nahm eine Schaufel und buddelte die Baugrube ganz alleine von Hand aus. Was für eine Ausdauer hat dieser Mann an den Tag gelegt.

Gute Arbeit und Ausdauer sind etwas Tolles, weil wir wunderschöne Resultate sehen können. Und genau diese Möglichkeit steht für dich bereit. Du hast mit der

Kraft Gottes eine Art zusätzlichen inneren Motor, der dir enorme Motivation und übernatürliche Wirksamkeit geben wird. Je mehr du Gottes Gnade für uns Menschen erkennst, desto mehr wirst du aus Liebe für Gott die Welt auf den Kopf stellen und zum Guten verändern. In diesem Punkt ist mir Königin Ester aus der Bibel ein großartiges Vorbild. Sie hatte eine unglaublich hohe Position inne: Sie war die Königin. Aber in ihrem Herzen regierte Gott, denn sie war eine Frau nach dem Herzen Gottes. Mutig stand sie auf und befreite ihr Volk. Dabei setzte sie ihr Leben aufs Spiel, aber sie sagte: »Komme ich um, so komme ich um!« Diese Frau ist eine kostbare Perle für Gottes Reich. Sie hat genau da, wo sie lebte und arbeitete, mit einer gottgegebenen Ausdauer Gott verherrlicht. Hinterlasse auch du täglich Liebeszeichen auf dieser Welt! Du darfst aus Gottes Kraft für deinen Papa im Himmel tüchtig sein.

Kapitel 6

Seite an Seite

MIT DEINER FAMILIE

Bestimmt hast du am Himmel auch schon Zugvögel gesehen, die in einer V-Formation durch die Luft fliegen. Gerade kürzlich waren wir als Familie mit dem Auto unterwegs, da sahen wir dieses Bild am Himmel und waren alle fasziniert. Das Fliegen in einer oft symmetrischen V-Formation hilft den Vögeln eines Schwarms, auch lange Flugstrecken gut zu bewältigen. Außer dem ersten Vogel fliegen alle im Auftrieb der Wirbelschleppe des voranfliegenden Vogels und können so enorm viel Energie sparen. Die Vögel an der Spitze wechseln sich ab, damit es keinem zu viel wird und der Schwarm gut vorankommt. Die V-Formation macht auch die Verständigung untereinander einfacher und erlaubt den Vögeln, Sichtkontakt zu halten.

Die Vögel sind gemeinsam unterwegs und geben sich gegenseitig Unterstützung. Genauso hat sich Gott auch unsere Familien gedacht: Hier sollen wir Blickkontakt und gegenseitige Unterstützung erleben. Wenn ein Familienmitglied nicht mehr kann, dann fliegt ein anderer Gefährte voraus und lässt den Schwächeren in seinem Windschatten weiterfliegen. Auch ein Familienleben ist eine weite Reise und fühlt sich vielleicht oft wie eine enorm lange Flugstrecke an, auf der man auch nicht bei den ersten Schwierigkeiten aufgibt. In diesem Punkt können wir von den Vögeln lernen: Sie wechseln sich ab und unterstützen einander. Dies hört sich für mich nach Respekt und Rücksichtnahme im Umgang miteinander an.

Paulus schreibt im Neuen Testament der Bibel so manches über den Umgang mit anderen Menschen. Hier ist eine seiner krassesten Aussagen dazu:

Ihr Männer, liebt eure Frauen so, wie Christus seine Gemeinde liebt, für die er sein Leben gab. (Epheser 5,25 HFA)

Die Familie ist ein Schutzraum, indem man einander unterstützen und lieben kann. Sie soll ein Ort sein, an dem man füreinander das Beste möchte. Manchmal begleitest du deinen Ehemann oder deine Mutter liebevoll durch schwere Zeiten hindurch, weil sie in einer schwierigen Situation sind. Aber es kommen auch wieder andere Zeiten und du brauchst selbst Hilfe. Ich war einmal mit meinem Sohn im Krankenhaus. Stunden- und tagelang saß ich am Krankenbett und es war manchmal sehr öde. Doch bereits am ersten Tag kam meine Mutter zu Besuch und schenkte mir ihre Unterstützung. Ich kann mich bis heute daran erinnern, wie ich durch das Fenster der Kinderklinik sah, dass meine Mutter kam. Ihr überraschender Besuch war für mich das Größte, weil ich mich dadurch enorm geliebt und unterstützt fühlte. Familie ist ein gegenseitiges Geben und Nehmen. Genau diesen zuvorkommenden Umgang können wir von den Vögeln lernen.

Vielleicht denkst du jetzt: »Ach, ich habe in meiner Familie alles andere als einen rücksichtsvollen Umgang erlebt.« Das mag sein. Aber gib nicht auf! Wage es noch einmal, gib dem Thema Familie eine neue Chance! Denn Gott liebt Beziehungen, er hat die Familie geschaffen und wünscht sich stabile Familien. Elisabeth Mittelstädt hat einmal gesagt, dass viele Eltern Fehler machen, sie aber einfach nicht wussten, wie sie es hätten besser machen können. Du kannst die Fehler deiner Eltern, Geschwister oder Kinder nicht mehr rückgängig machen. Aber du hast eine neue Chance, es besser zu machen – und du bist wieder Vorbild für deine Eltern, deine Geschwister, deine Kinder, deine Enkel und andere Menschen, die deine Familie beobachten. Jeder von uns kann aus Fehlern anderer lernen und eine neue Art zu leben trainieren.

EIN WICHTIGER SCHLÜSSEL

Neben Liebe, Rücksicht und Respekt gibt es noch einen wichtigen Schlüssel für eine stabile Familie: Vergebung. Darüber habe ich in meinem Buch »Aufstehen ist göttlich« ausführlich geschrieben, deshalb gehe ich hier nur kurz darauf ein.

Keine Familie ist perfekt und deshalb braucht jede Familie Versöhnungsgespräche!

Je mehr du in deiner Familie wirklich konsequent in Vergebung lebst, desto mehr wird deine Familie aufblühen und stark werden. Mein Mann, meine Kinder und ich haben jede Woche irgendwelchen Versöhnungsbedarf, weil wir uns gegenseitig mit Worten verletzt haben. Keine Familie ist perfekt und deshalb braucht jede Familie Versöhnungsgespräche! Manchmal kommt es mir vor, dass es Christen besonders schwerfällt, sich zu entschuldigen.

Warum ist es so schwer zu sagen, »Es tut mir leid?« Könnte es damit zusammenhängen, dass Christen versuchen, aus eigener Kraft gerecht zu sein? Vielleicht denkst du tatsächlich, dass du als Christ dein Familienleben, deine Ehe und deine Kinder immer im Griff haben solltest. Doch das wirst du niemals auf die Reihe kriegen, weil du selbst nicht perfekt bist. Erinnere dich daran, dass du durch Jesus gerecht gesprochen bist! Und genauso alle anderen, die zu deiner Familie gehören – wenn sie Jesus in ihr Leben eingeladen haben. Keiner von uns schafft es aus sich selbst heraus, ein guter Christ zu sein. Auch in christlichen Familien werden täglich Fehler gemacht. Jesus hat zwar bereits für diese Fehler bezahlt und für ihn ist alles in Ordnung, aber es ist immer noch unsere Aufgabe, diese Fehler einzusehen, zuzugeben und sie an unseren Liebsten wieder in Ordnung zu bringen – durch eine aufrichtige Entschuldigung. Wie dein Gegenüber darauf reagiert, ändert nichts daran, dass deine Sünde vergeben ist. Selbst wenn dein Gegenüber unfreundlich reagiert, darfst du alles loslassen und in Freiheit weiter-leben, denn weil Jesus dich angenommen hat, lebst du bereits in vollständiger Freiheit. Je mehr du begreifst, was Jesus wirklich für dich getan hat, desto mehr wirst du in deiner Familie einen liebevollen Umgang pflegen und dich entschuldigen, wenn du einen Fehler gemacht hast. Kannst du zu deine Angehörigen sagen: »Es tut mir leid!«? Christen, die sich nicht entschuldigen können, ha-ben noch nicht wirklich begriffen, was Jesus für sie getan hat. Familien können nur funktionieren, wenn Versöh-nungsgesprächen immer wieder ein Ehrenplatz einge-räumt wird.

Seite an Seite mit deiner Familie zu leben, bedeutet auch, für den Frieden einzustehen. Vielleicht habt ihr in der Familie gerade Streit. Dann könntest du die Position an der Spitze der V-Formation einnehmen und vorausfliegen und deine Familie zu Versöhnungsgesprächen ermutigen. Der Heilige Geist lebt in dir und kann dir helfen, deine Familie auf gute Art zum Frieden zu bringen. Frage den Heiligen Geist, was du jetzt ganz konkret tun kannst! Halte dich an Gott fest und sei dir bewusst: Bei Gott ist alles möglich!

Es ist eine wunderbare Kostbarkeit, wenn Großeltern ihren Enkeln Wertschätzung und Liebe zeigen.

SCHÄTZE SAMMELN

In meiner Kindheit hatte ich einen sehr guten Draht zu meiner Großmutter. Sie war eine wunderbare Frau und hatte in den Ferien ganz viel Zeit für mich. Aber jede Woche gab es einen Nachmittag, an dem sie keine Zeit für uns hatte und wir sie nicht stören durften. An diesem Nachmittag kam nämlich ihre Freundin vorbei und die beiden hatten im Wohnzimmer meiner Großmutter ein Gebetstreffen. Wir Kinder wussten, diese Gebetszeit war unserer Großmutter sehr wichtig und sie wollte in Ruhe beten, deshalb durften wir sie nicht stören. Wir wussten auch, dass unsere Großmutter für uns Kinder betete.

Meine Großmutter hat mich sehr beeindruckt. Schon damals zeigte sie mir, was im Leben wirklich wichtig ist. Auch ermutigte sie mich immer wieder, in die Kirche zu gehen und Jesus zu lieben. Später habe ich von meiner Großmutter wunderschönen Schmuck geerbt, den sie in einer kleinen Dose aufbewahrt hatte. Aber noch wertvoller ist der Schatz, den meine Großmutter mir durch ihr Vorbild hinterlassen hat. In der Bibel lesen wir:

Denn die Kinder sollen nicht für die Eltern Schätze sammeln, sondern die Eltern für die Kinder. (2. Korinther 12,14 ELB)

Auch meine andere Großmutter hatte Jesus lieb, auch sie hat ihren Glauben an meine Eltern weitergegeben und diese wiederum gaben diesen wertvollen Schatz an mich weiter. Ich bin von Herzen dankbar für meine Eltern, die mir liebevoll den Glauben an Jesus gezeigt haben. Wir alle können unseren Familien und auch anderen Menschen Schätze hinterlassen. Du kannst dich heute entscheiden, welche Spuren du in dieser Welt hinterlassen und einen Trampelpfad für sie anlegen möchtest. Werde auch du so eine Person, die ihrer Familie geistliche Schätze weitergibt! Der Heilige Geist lebt in dir und genau diese Kraft soll durch dich in deiner Familie sichtbar werden.

Der Heilige Geist weiß, was deine Familie benötigt. Vielleicht bist du ja selbst schon Großvater oder Großmutter, dann genieße diese Zeit und ermutige andere Menschen mit deiner reichen Lebenserfahrung. Eine Ermutigung von Großeltern ist durch nichts zu ersetzen. Gerade diese Woche war mein Sohn traurig und genau am selben Tag bekam er einen handgeschriebenen Brief von seinem Großvater. Mein Sohn wurde durch diesen Brief enorm ermutigt, denn das war ein klares Zeichen, dass sein Großvater an ihn denkt. Es ist eine wunderbare Kostbarkeit, wenn Großeltern ihren Enkeln Wertschätzung und Liebe zeigen.

SCHLEIFEN MIT RESPEKT

Mein Mann und ich sind demnächst 16 Jahre verheiratet. Es gibt tatsächlich Leute, die denken, wir seien deshalb immer noch verheiratet, weil bei uns jeder Tag »Friede, Freude, Eierkuchen« wäre. Doch dem ist nicht so. Wir sind täglich dabei, unsere Ehe zu pflegen und in gutem Zustand zu halten. Auch dies geschieht auf der Grundlage der Versöhnung in Jesus Christus. – In der Bibel lesen wir auch:

Eisen schärft Eisen, ebenso schärft ein Mensch einen anderen. (Sprüche 27,17)

Eine Ehe ist nicht immer einfach, weil die Partner verschieden sind und unterschiedliche Prägungen mitbringen. Doch die Bibel lehrt uns, dass wir einander schärfen können. Dan und ich schleifen uns jeden Tag. Wir fordern einander heraus und wir ermutigen einander. Auch dabei erinnere ich mich immer wieder an das Bild der V-Formation. Manchmal fliegt Dan voraus und hat die Kraft, unsere Familie, die Kirche und sich selbst zu leiten. Dann gibt es aber auch Zeiten, in denen er müde oder frustriert ist. Dann kann ich vorausfliegen und ihm damit wieder auf die Beine helfen.

Je mehr du die Nörgelei aus deinem Leben verbannst, desto glücklicher wird deine Familie.

Je mehr sich ein Ehepaar gegenseitig ermutigt und lobt, desto stärker wird ihre Ehe aufblühen. Wir Frauen neigen vielleicht eher dazu, zu nörgeln und zu kritisieren. Aber das macht aus einer guten Partnerschaft ein ungemütliches und frustriertes Gespann. Die Bibel sagt uns in Sprüche 25,24 (HFA): »Lieber in einer kleinen Ecke unter dem Dach wohnen als in einem prächtigen Haus mit einer ständig nörgelnden Frau.« Als Frauen können wir positive oder negative Stimmung im Haus verbreiten. Ich selbst neige dazu, meinem Mann unerfreuliche Dinge im dümmsten Moment unter die Nase zu reiben. Aber eigentlich ist das völlig unnötig und es bringt wirklich nur Unfriede mit sich. Also lege jegliche Nörgelei beiseite und überrasche deinen Mann stattdessen mit viel Liebe und mach ihm Komplimente! Je mehr du die Nörgelei aus deinem Leben verbannst, desto glücklicher wird deine Familie.

Noch eine Voraussetzung für eine erfolgreiche Ehe ist gegenseitiger Respekt. Je mehr du deinem Partner mit Respekt begegnest, desto besser könnt ihr euch aussprechen und einander verstehen. Nur in dieser Haltung kann jeder neben dem anderen in seinen eigenen Talenten aufblühen. Denke dabei immer daran, dass auch dein Partner eine Tochter beziehungsweise ein Sohn Gottes ist! Begegne deshalb deinem Partner mit Würde und in Liebe! Auch wenn er dich total nervt, hat er doch deinen Respekt verdient.

VONEINANDER LERNEN

Vielleicht bist du bereits Mutter oder Vater von Kindern und du bist in der Beziehung zu deinen Kindern ziemlich herausgefordert. Gerade wenn deine Kinder noch klein sind, ist das eine sehr anspruchsvolle und kräftezehrende Zeit. Kinder großzuziehen ist etwas Wunderschönes, aber es braucht eine Menge Energie und Nerven dazu. Auch hier hilft das Bild der V-Formation der Zugvögel weiter. Als Mutter brauchst du manchmal Zeiten, in den du nicht vorausfliegen musst, sondern den Windschatten genießen darfst.

Tu dir deshalb als Mutter einfach mal was Gutes – in dem Bewusstsein, dass du einen unglaublich kostbaren und wertvollen Job machst! All deine Zeit und Energie, die du in deine Kinder investierst, wird sich irgendwann auszahlen. Als Mama, die für ihre Kinder da ist, bist du ein großartiger Segen und auch das ist ein Teil im Reich Gottes.

Je mehr du fähig bist, von anderen zu lernen, desto mehr blühst du auf.

Die Kinder können von dir lernen, aber genauso kannst du von deinen Kindern lernen. In den letzten drei Jahren begleitete ich meine Tochter täglich mit dem Fahrrad zur Schule. Seit einigen Tagen hat sie ihren Fahrradführerschein, denn sie hat die Fahrradprüfung bestanden. Drei Jahre lang bin ich ihr vorausgefahren und sie konnte von mir lernen. Doch jetzt, seitdem sie ihren Führerschein hat, kann sie mir plötzlich Anweisungen geben und mir etwas Neues beibringen.

Gestern fuhr sie hinter mir und plötzlich rief sie: »Meine Güte, Mama, an dieser Stelle musst du Handzeichen geben!« Klar, sie hatte Recht und ich habe mich bei ihr für den Hinweis bedankt. Je mehr du fähig bist, von anderen zu lernen, desto mehr blühst du auf. Darum lerne von dem Heiligen Geist und auch von deinen Familienmitgliedern! Werde nicht wütend, wenn dir jemand einen Tipp gibt, sondern sei offen für Korrektur! Denke auch nicht, es müsse alles so laufen, wie du es dir vorstellst! Sei offen für andere Meinungen und du wirst deine Beziehungen viel entspannter leben können!

STADT-LAND-FLUSS UND SCHULGEBET

Deine Kinder brauchen von dir als Mama und Papa Ermutigung und Wertschätzung. Ich habe früher Basketball gespielt und mein Trainer feuerte mich oft an. Er war echt begeistert von mir, weil ich eine der besten Spielerinnen in seinem Team war. Vom Spielfeldrand aus schrie er: »Los, Karin, du schaffst es! Wirf den Ball rein!« Seine Anweisungen haben mich enorm gepusht und motiviert, alles zu geben. Genauso kannst auch du deine Kinder anfeuern und ihnen täglich Motivation für ihren Alltag und die Schule zusprechen. Immer wieder sage ich meinen Kindern: »Du schaffst das!«

Vielleicht fragst du dich jetzt, wo denn dein Kind Motivation braucht. Diese Frage ist sehr gut, weil jedes Kind etwas anderes braucht und es manchmal nicht einfach ist herauszufinden, was die Kinder wirklich brauchen. Frage doch den Heiligen Geist, der in dir ist! Lass dich von Gottes Geist leiten! Ich bin überzeugt, dass er dir Gedanken und Ideen schenken wird, die perfekt auf deine Kinder zugeschnitten sind. Als Mama oder Papa kannst du deine Kinder zum Aufblühen bringen oder du kannst ihre Lebensfreude ersticken. Darum nimm dir Zeit für deine Kinder und ermutige sie täglich! In der Kraft Gottes kannst du das. Finde heraus, was sie gerne tun! Meine Kinder beispielsweise spielen sehr gerne Stadt-Land-Fluss. Ich selbst mag Gesellschaftsspiele gar nicht gerne, aber ich überwinde mich immer wieder, um mit ihnen das zu spielen, was sie lieben.

Je öfter du deinen Kindern einen liebevollen Blick schenkst, desto stärker werden sie innerlich.

Genauso bringe ich ihnen große Wertschätzung und Liebe entgegen. Als meine Kinder klein waren, habe ich mir vorgenommen, ihnen täglich in die Augen zu schauen und ihnen über das Haar zu streicheln. Sie sollen meine Wertschätzung und Liebe spüren. Je öfter du deinen Kindern einen liebevollen Blick schenkst, desto stärker werden sie innerlich. Wenn ich meine Kinder vor der Schule verabschiede und sie gerade eine Herausforderung vor sich haben, dann beten wir gemeinsam. Wie gut haben wir es doch als Christen, dass wir beten können. In diesen Momenten kommt Stärke, Mut und Schutz in das Leben unserer Kinder. Du kannst zum Beispiel so beten:

Lieber Vater im Himmel. Danke, dass du jetzt mit NAME DES KINDES *in die Schule gehst. Ich bitte dich im Namen Jesu,* NAME DES KINDES *zu stärken. Überschütte sie/ihn mit deinem Mut und mit deiner Konzentration! Schenke Ruhe und Frieden für* DIE HERAUSFORDERUNG *und leite* NAME DES KINDES *durch deinen Heiligen Geist! Und ich stelle* NAME DES KINDES *jetzt unter deinen Schutz. Amen.*

EIN FAMILIENPROJEKT

Als ich vor zwei Jahren die Ladies Conference in Stuttgart gründete, meinte meine zehnjährige Tochter: »O Mama, das ist eine tolle Idee, aber ich will auch dabei sein!« Als Mutter hatte ich mehrere Möglichkeiten, darauf zu reagieren. Ich hätte ganz schnell sagen können: »Sorry, meine liebe Tochter, aber das ist jetzt wirklich etwas für Frauen und nicht für Mädchen!« Stattdessen sagte ich, dass ich darüber nachdenken würde. Daraufhin entwickelten wir gemeinsam die Idee der »Young Ladies« (Mädchen von 10 bis 15). Heute gibt es an unserer Konferenz ein Parallelprogramm für Mädchen und Teenager. Wir erleben als Frauen Zeiten alleine, haben aber auch wertvolle Zeiten gemeinsam mit den »Young Ladies«.

Meine Tochter fühlte sich wertgeschätzt, weil sie sich am Projekt beteiligen konnte. Es war und ist aber auch eine Bereicherung für unsere Konferenz, weil wir auf diese Weise eine Generation mehr beschenken können. Ich kann dir nur empfehlen, die Ideen deiner Kinder in Betracht zu ziehen und sie zu berücksichtigen. Der Heilige Geist spricht auch durch deine Kinder. Je mehr Familienmitglieder aus der Kraft des Geistes leben, desto mehr übernatürliche Ideen und Kräfte werden in der Familie freigesetzt werden.

Je mehr wir als Familie zusammenstehen, desto kraftvoller werden unsere Projekte sein.

Klar, als Eltern können wir nicht immer alles tun, was unsere Kinder sich wünschen. Aber du kannst von deinen Kindern eine Menge lernen. Gebt einander Raum, Ideen gemeinsam zu entwickeln! Es ist so einfach, aus einem Projekt ein Familienprojekt zu machen – und dann fühlt sich jeder dazugehörend und wertgeschätzt. Vor einiger Zeit waren wir als Familie in einem Aqua-Park. In einem Außenbecken gab es einen Fluss mit starker Strömung. Wir genossen es. Da kam ein Mann auf uns zu und bat uns um Hilfe, weil er in dem reißenden Fluss seine Brille verloren hatte. Als Familie tauchten und suchten wir nach der Brille. Auch andere Menschen halfen bei der Suche mit und plötzlich konnte der verlorene Gegenstand gefunden werden – Dan hatte die Brille entdeckt. Erleichtert rief der Mann: »Wow, vielen Dank, ohne diese Brille hätte ich nicht mehr nach Hause fahren können.« Die Brille wurde gefunden, weil alle mitgeholfen hatten. Je mehr wir als Familie zusammenstehen, desto kraftvoller werden unsere Projekte sein.

Ein Familienleben ist ständig in Veränderung, denn die Kinder entwickeln sich weiter und damit verändern sich auch ihre Interessen. Und dann gibt es immer wieder Dinge, die wir nicht planen können. Plötzlich kommen Schwierigkeiten auf uns und unsere Kinder zu – und das, ohne uns zu fragen! Deshalb ist es wichtig, dass du dein Kind auf seinen Lebensweg vorbereitest und es darin begleitest. Lehre es, auf den Heiligen Geist zu hören und in Gottes Kraft durch das Leben zu gehen! So lernt es, wie Schwierigkeiten überwunden werden können. Darum bereite dein Kind auf seinen Lebensweg vor, anstatt zu versuchen, einen Lebensweg für dein Kind zu planen!

DAS IST DEINE VERANTWORTUNG!

Deine Kinder brauchen aber nicht nur Wertschätzung und Zugehörigkeitsgefühl, sondern auch eine klare Erziehung. Ich möchte dich als Mutter oder Vater dazu ermutigen, deinen Kindern die gute Botschaft von Jesus Christus nahezubringen. Es sollte unser größtes Herzensanliegen sein, dass unsere Kinder Jesus selbst kennenlernen. Überlasse das nicht den Kindergottesdienstmitarbeitern, denn es ist in erster Linie deine Verantwortung! Dein Vorbild ist dabei so ziemlich das Wichtigste und Effektivste. Es ist sozusagen die allerwirksamste Bibel. Darüber hinaus ist es enorm wichtig, deinen Kindern Grenzen zu setzen. Heute gibt es in vielen Familien zu viel Chaos, weil jeder tun darf, was er gerade möchte. Kinder brauchen klare Regeln und Grenzen. Die können sie sich noch nicht selbst setzen, weil das eine Überforderung für sie wäre. Trau dich, deine Kinder wirklich zu erziehen! Je klarer die Grenzen sind, die du deinen Kindern setzt, desto mehr Ruhe und Frieden wird in deiner Familie einkehren. Je mehr Ordnung du in deiner Kindererziehung hast, desto mehr Gelegenheit hast du, Zeit und Entspannung mit deinem Partner und auch alleine zu genießen.

Vielleicht denkst du jetzt an deine Kinder, die sich nicht so entwickelt haben, wie du es eigentlich gerne gehabt hättest. Aber du kannst für deine Kinder beten. Weißt du, wir können das Beste in unsere Kinder hineinlegen, aber wie sie ihren Lebensweg gehen werden, werden sie selbst entscheiden. Schon in der ersten Familie, bei Adam und Eva, gab es Rebellion in der Familie und schon damals schuf das Probleme: Kain schlug den Abel tot. Wenn deine Kinder rebellieren, dann höre nicht auf, sie zu lieben, und bete für sie. Der Geist Gottes kann die Herzen deiner Kinder jederzeit erreichen. Darum gib die Hoffnung niemals auf und glaube, dass bei Gott alles möglich ist!

Kürzlich hörte ich folgende Geschichte in einer Predigt: Auf einem Sportplatz wurde ein Wettlauf für Kinder veranstaltet. Verschiedene Kinder rannten über die Laufbahn an den Zuschauern vorbei. Plötzlich tauchte ein älterer Junge auf, der auf seinem Rücken einen Jungen trug. Der Schweiß lief dem großen Jungen über das Gesicht, denn der Kleine auf seinem Rücken brachte ihn ins Schwitzen. Als die beiden Jungs beim Publikum vorbeikamen, rief ein Zuschauer: »Wow, du trägst aber eine schwere Last!« Schwer atmend rief dieser zurück: »Nein, das ist keine schwere Last, er ist mein Bruder!«

Diese Begebenheit ist ein wunderschönes Bild für Familie. Einen Bruder zu tragen ist leicht, weil da viel Liebe im Spiel ist.

DIE GANZ GROSSE FAMILIE

Vielleicht hast du selbst keine irdische Familie, die für dich da ist und dich in schwierigen Situationen tragen würde. Aber du darfst wissen, dass du eine göttliche Familie hast. Deine Kirchengemeinde sowie alle Christen auf dieser Welt sind deine große Familie. Du hast Geschwister aus allen Nationen. Diese Familie Gottes bleibt in alle Ewigkeit bestehen. Mein Mann und ich haben uns zum Ziel gesetzt, durch unsere Arbeit noch vielen Menschen den Weg in diese göttliche Familie zu zeigen. Unsere Kirche in Stuttgart soll ein Ort für alle Menschen sein. Aus diesem Grund sind unsere Gottesdienste am Puls der Zeit, gestaltet mit moderner Musik, Kunst und Multimedia. Vor ein paar Monaten haben wir einen internationalen Gottesdienst in Englisch gestartet. Alle unsere Predigten gibt es im Internet nun auch auf Englisch. So kommen immer mehr Menschen von anderen Nationen zu unseren Gottesdiensten; hier können sie Gott als ihren Vater kennenlernen. Sie alle sind in unserer Familie willkommen und sind oder werden unsere Geschwister.

Gott ist wirklich gerecht, weil jeder Mensch in seiner Familie einen Ehrenplatz hat!

Erst letzte Woche hat jemand aus Singapur überraschend tausend Dollar für unsere Arbeit gespendet. Wir fragten nach und erfuhren, wie froh ein Vater war, dass sein Sohn jetzt unsere Gottesdienste besucht. Der Vater war einfach nur glücklich über unsere Kirchenfamilie, zu der sein Sohn nun gehören durfte. Gottes Familie umspannt die ganze Welt und Gott möchte alle Menschen bei sich haben. Kürzlich haben mein Mann und ich mitbekommen, wie unsere Predigten nun in einem asiatischen Land ausgestrahlt werden. Es sind schon Hunderte von Menschen dadurch zum Glauben gekommen. Wir selbst suchten bisher gar nicht nach solchen Möglichkeiten, aber durch die Kraft Gottes wurden Türen geöffnet und so kann die gute Nachricht verbreitet werden.

In Gottes Familie ist genug Platz für alle Menschen. In der Kirchengemeinde kommen Geschäftsleute, einfache Arbeiter und sozial schwache Menschen zusammen. Sie sind alle vereinigt in Jesus und geben aufeinander Acht. Das zeigt, wie gerecht unser Gott ist. Gott ist wirklich gerecht, weil jeder Mensch in seiner Familie einen Ehrenplatz hat! Darum pflege die Gemeinschaft in der Kirchengemeinde.

FÜR IMMER UND EWIG!

Jesus nennt die Gemeinde seine Braut. Gemeinde ist etwas Wunderschönes und dazu gedacht, wohltuende und stärkende Beziehungen zu pflegen. Jesus selbst ging jeden Samstag in die Synagoge. Ich möchte dich ermutigen, seinem Vorbild zu folgen. Damit meine ich nicht, dass du den Gottesdienst besuchen sollst, weil sich das so gehört. Pflege deine ewige Familie vielmehr, weil du Gott und deine Geschwister liebst! Je mehr du Gottes Liebe zu dir selbst entdeckst, desto mehr wirst du deine göttliche Familie verbindlich aufsuchen und diese Beziehungen pflegen. Gottes Familie ist eine Königsfamilie mit großartigen Privilegien. Je mehr du diese Privilegien entdeckst, desto mehr wirst du Menschen, die noch nicht zu dieser Familie gehören, dazu einladen.

Gottes Familie steht jedem Menschen offen und sie hat heute und bis in alle Ewigkeit Bestand. Wie schade wäre es, wenn diese wunderbare Gemeinschaft mit Gott und seinen Kindern nach dem Tod einfach zu Ende wäre. In der Bibel lesen wir:

> *Und [Gott] wird bei ihnen wohnen, und sie werden sein Volk sein, und Gott selbst wird bei ihnen sein, ihr Gott. (Offenbarung 21,3 ELB)*

Gott liebt es, heute und auch in alle Ewigkeit mit dir in Beziehung zu leben. Auch der Himmel ist ein Ort der Verbundenheit. Das bedeutet: Deine heutige Beziehung zu Gott wird niemals aufhören und im Himmel wird sie ganz und gar vollkommen sein. Für immer und ewig! Du kannst heute deine Beziehung mit Gott genießen und in dieser Kraft durch jede Lebenssituation hindurchgehen und am Ende stärker sein als je zuvor. So kannst du bereits heute den Himmel auf Erden erleben.

Im Himmel jedoch wird es keine Tränen und keinen Schmerz mehr geben, es wird dort hell sein und du wirst Gott von Angesicht zu Angesicht sehen (Offenbarung 21). Der Himmel ist ein Ort der perfekten Herzlichkeit und so wird dort auch eine großartige Liebe spürbar sein. Ich bin begeistert, wie Gott bereits auf dieser Erde eine liebevolle Beziehung unter uns Menschen möglich macht.

Kapitel 7

Seite an Seite

MIT FREUNDEN

Wie schön ist es doch, wenn eine gute Freundin oder ein guter Freund anruft oder auf einen Kaffee vorbeikommt. Freundschaften zu pflegen ist etwas Wunderbares. In der Bibel lesen wir auch immer wieder von Menschen, die ein freundschaftliches Verhältnis hatten.

MÄNNERFREUNDSCHAFT

Nehmen wir zum Beispiel David und Jonatan. Diese beiden Männer pflegten eine innige Freundschaft, obwohl sie sehr unterschiedlich waren. Jonatan war der Sohn des Königs und David war ein Hirtenjunge, der aber später zum König gesalbt wurde. In der Bibel lesen wir in 1. Samuel 18,4 (HFA): »Jonatan sagte: ›David, du bist mir so lieb wie mein eigenes Leben!‹ « Mit diesen liebevollen Worten teilte Jonatan seinem Freund mit, wie wichtig er ihm war. Sie pflegten eine intensive Beziehung: Sie führten viele Herzensgespräche, ermutigten einander und gaben sich gegenseitig den nötigen Schutz.

Wie kostbar sind solche Freundschaften gerade auch unter Männern. Immer wieder beobachte ich in unserer Kirche, wie Männer Freundschaften aufbauen, indem sie einander mit Worten ermutigen oder einander die Arme um die Schultern legen und füreinander beten.

David war ein Mann Gottes, der sich immer wieder in Gottes Gegenwart stärkte. Von dort stammte seine größte Kraft. Zusätzlich baute er aber auch die Freundschaft zu Jonatan auf, in der er Ermutigung und Stärkung finden konnte. Hast du einen Freund, dem du deine wirklich tiefen Herzensanliegen erzählen kannst? Ich möchte dich ermutigen: Baue solche Freundschaften mit echter Herzensverbindung auf und pflege sie, denn sie sind eine wichtige Quelle der Ermutigung!

Auf einen Freund kannst du dich immer verlassen; wenn es dir schlecht geht, ist er für dich wie ein Bruder. (Sprüche 17,17 HFA)

Darum investiere in Freundschaften! Öffne dein Herz und beginne, deinen Freunden von deinem Inneren zu erzählen! Ich bin überzeugt, dass dann auch deine Freunde gerne Dinge aus ihrem eigenen Leben offenbaren werden. Dadurch gewinnt eure Freundschaft enorm an Tiefe.

FREUNDINNEN

Die Bibel berichtet auch von Frauen, die Freundschaften aufbauten. Da gab es zum Beispiel Maria und Elisabeth. Stell dir vor: Maria war tatsächlich als Jungfrau schwanger geworden! Das löste bestimmt einiges an Gefühlen und Fragen in ihr aus. Diese Schwangerschaft war wirklich eine überraschende und große Aufgabe. Plötzlich stand die junge und zarte Maria in einer enorm herausfordernden Situation. In diesem Moment entschied sie sich, einen Schnitt zu machen und zu Freunden in die Berge zu gehen. In der Bibel lesen wir:

Einige Tage später beeilte sich Maria, ins Bergland von Judäa zu kommen, in die Stadt, in der Zacharias lebte. Als sie das Haus betrat und Elisabeth begrüßte, hüpfte Elisabeths Kind im Bauch seiner Mutter, und Elisabeth wurde vom Heiligen Geist erfüllt. (Lukas 1,39)

Zwei Frauen begegneten sich. Die eine war schwanger mit Johannes, dem Wegbereiter des Messias, und die andere erwartete den Sohn Gottes, Jesus Christus. Beide Frauen waren in einer enorm herausfordernden Situation. Elisabeths Mann konnte nicht mehr sprechen und Maria war unerwartet schwanger geworden. Beide hatten Ermutigung und Stärkung nötig. Als sie sich begrüßten, passierte in ihrem Körper etwas Wunderschönes. Elisabeth sagte zu Maria:

Als du das Haus betreten und mich begrüßt hast, hüpfte mein Kind beim Klang deiner Stimme vor Freude! (Lukas 1,44)

Was für eine wunderbare und kostbare Begegnung. Da treffen sich zwei Freundinnen und der Heilige Geist gibt sich auch zu erkennen. Maria sagte: »Hallo!« Und Elisabeths Kind hüpfte im Bauch. Beide Frauen freuten sich überschwänglich. Ich liebe diese Geschichte. Es berührt mein Herz, wenn ich höre, wie der Heilige Geist durch den Klang der Stimme einer Freundin bewirken kann, dass neue Freude und Motivation freigesetzt werden.

DER KLANG DEINER STIMME

Der Klang deiner Stimme ist wichtig für deine Freunde und deine Freundinnen. Ich möchte dich ermutigen, pflege die Beziehung zu deinen Freunden – Seite an Seite – auch dann, wenn du vielleicht noch nicht so viele Freundinnen oder Freunde gefunden hast! Gehe auf andere Menschen zu, lass sie deine Stimme hören! Vielleicht kannst du gerade heute an deine Freunde eine SMS senden und sie zu einem Essen einladen. Es tut so gut, bei einer gemütlichen Mahlzeit zu plaudern. Verschwende dein Leben nicht mit belanglosen Dingen, sondern verwöhne lieber deine Freunde mit einem schönen Abend! In der Bibel lesen wir in Sprüche 11,25 (ELB): »Wer gern wohltut, wird reichlich gesättigt, und wer andere tränkt, wird auch selbst getränkt.« An dieser Stelle gefällt mir die Elberfelder Übersetzung. Wie schön ist es doch, wenn wir satt werden können. Besonders wenn wir anderen Gutes tun, werden wir auch selbst mit Gutem erfüllt. Dies ist ein wunderbares Prinzip Gottes.

Freundschaftliche Begegnungen in der Kraft des Heiligen Geistes sind Perlen Gottes.

In der Begegnung von Maria und Elisabeth wurde zusätzlich eine übernatürliche Kraft sichtbar. Der Heilige Geist wurde freigesetzt. Sie wurden mit Heiligem Geist erfüllt. Das ist die genialste Kostbarkeit, die Freunde und Freundinnen einander schenken können. Freundschaftliche Begegnungen in der Kraft des Heiligen Geistes sind Perlen Gottes. Kennst du Freundschaften dieser Art?

Auch du kannst deinen Freunden in der Kraft des Heiligen Geistes begegnen und deine Liebsten durch den

Geist Gottes stärken. Gerade gestern konnten wir als Familie unsere Freunde besuchen. Vorgestern hatten wir den Eindruck, unbedingt zu ihnen fahren zu sollen. Eigentlich hatten wir etwas anderes geplant und zudem ist der Weg zu unseren Freunden sehr weit. Momentan sind sie aber in einer schwierigen Situation: Eines ihrer Kinder ist im Krankenhaus und eine innere Stimme drängte uns hinzufahren. Und so haben wir sie besucht, ihnen zugehört und für sie und ihr Kind gebetet. Der Heilige Geist war spürbar am Wirken und mit unserem Besuch konnten wir ein wertvolles und kostbares Stück Freude in ihr Leben bringen. Sie konnten uns erzählen und weinen, was eine großartige Stärkung für sie war. Der Heilige Geist lebt auch in dir und möchte auch in deinen Freundschaften wirksam werden. Lebe in dieser Kraft Seite an Seite mit deinen Freunden und Freundinnen!

ZEHN MINUTEN

Vielleicht kannst du gerade jetzt eine kurze Pause machen und eine Freundin oder einen Freund anrufen. Überrasche sie mit deiner Stimme! Ich bin überzeugt, du verbreitest damit Freude, Liebe und Stärke. Die Bibel lehrt uns:

Jeder von uns soll sich so verhalten, dass er seinen Mitmenschen zum Guten ermutigt und ihn im Glauben stärkt. (Römer 15,2 HFA)

Du kannst deine Freunde immer wieder im Glauben stärken. Ermutigende Worte durch den Heiligen Geist bringen Kraft und Wachstum in eine Freundschaft.

Ermutigende Worte durch den Heiligen Geist bringen Kraft und Wachstum in eine Freundschaft.

Vor einiger Zeit erzählte mir Franziska Kaluppner, die Pastorin von ICF Nürnberg, von einem Zehn-Minuten-Gebet. Jeden Morgen ruft sie ihre Freundin an und sie beten gemeinsam am Telefon. Ich war von dieser Idee total begeistert. Kurze Zeit darauf haben wir dieses Zehn-Minuten-Gebet unter Freundinnen in unserer Kirchengemeinde vorgestellt. Seitdem rufen sich Frauen zu unterschiedlichen Tageszeiten an und werden durch diese Gemeinschaft enorm gestärkt. Auch ich selbst rufe seither zwei meiner Freundinnen an und wir beten gemeinsam am Telefon. Dabei tauschen wir uns zunächst ganz kurz aus, wie es uns geht. Danach lassen wir uns vom Heiligen Geist leiten.

Wir erwarten dabei eine Begegnung mit dem Heiligen Geist, nicht ein Resultat aufgrund unserer gut formulierten Gebete. Der Heilige Geist ist in diesen Gebeten voll präsent und gibt uns Hinweise, damit wir alles Nötige in die sichtbare und unsichtbare Welt hineinsprechen können. Wir beten für unsere Ehemänner, für unsere Kinder, für die Kirche und für uns selbst – und weil wir das alles nicht aus Leistungsdenken oder Druck tun, sondern uns im Gebet jeden Tag neu von Gottes Geist leiten lassen, sind diese Verabredungen zu einem wertvollen Bestandteil meines Alltags geworden.

Ich habe gelernt, mich während des Gebets in Gottes Arme fallen zu lassen und ständig auf Gott zu hören, wie und was ich beten soll. Jede Woche erleben meine Freundinnen und ich in der Gegenwart Gottes enorme Stärkung, Freude und Wunder. Probiere es selbst aus und bete mit einem Freund oder einer Freundin! Darin liegt eine große Kraft. Durch eure Freundschaft wird der Heilige Geist freigesetzt und ihr werdet übernatürliche Dinge erleben. Seite an Seite mit deinen Freunden – darin liegt eine unglaublich wertvolle Kraft.

GEISTLICHE VÄTER, GEISTLICHE MÜTTER

Vielleicht kennst du die Geschichte von Elia und Elisa, von der in 2. Könige 2 berichtet wird. Elia war ein Prophet, der leidenschaftlich für Gott unterwegs war. Sein

Freund Elisa sah das Leben von Elia und war einfach nur begeistert davon. Elia war ein großes Vorbild für Elisa, weil er in der Kraft des Geistes Gottes lebte und durch ihn viele übernatürliche Dinge geschahen. Seite an Seite konnte Elisa von Elia lernen. Als Elia am Ende seines irdischen Lebens mit einem feurigen Wagen in den Himmel auffuhr, hinterließ er seinen Mantel. Elisa sah diesen Mantel auf dem Boden liegen und zog ihn als Zeichen dafür an, dass er ebenfalls in der Kraft Gottes wirken wollte. Danach wirkte Elisa in der Kraft des Heiligen Geistes ebenfalls großartige Wunder.

Als Freunde können wir uns immer wieder entscheiden, was wir uns gegenseitig schenken und voneinander lernen möchten. Wir können gemeinsam über andere Menschen herziehen oder uns über belanglose Dinge wie das Wetter unterhalten. Oder aber wir können einander in der Kraft des Heiligen Geistes begegnen, uns gegenseitig ermutigen und gemeinsam übernatürliche Dinge erleben. Ich selbst habe so manche ältere Frauen erlebt, die mich auf meinem Weg, meine Berufung zu leben, stark ermutigt haben. Elisabeth Mittelstädt gehört beispielsweise zu ihnen. Sie ist meine »Buchmama« und hat mich auf diesem Gebiet enorm ermutigt. Auch Lilo Keller ist für mich eine geistliche Mutter, sie hat mir schon manchen weisen Rat geschenkt. In der Bibel lesen wir:

*Diese älteren Frauen sollen die jüngeren Frauen an-
leiten, ihre Ehemänner und auch ihre Kinder zu lieben. (Titus 2,4-5)*

Geistliche Mütter haben enorm viel Lebenserfahrung
und Weisheit. Dadurch können sie andere Frauen anlei-
ten und lehren. Suche die Gemeinschaft mit älteren Frau-
en, lerne von geistlichen Müttern – das wird dein Leben
bereichern! Genauso kannst auch du für andere Frauen
eine geistliche Mutter werden. Je mehr wir uns in andere
investieren und uns von anderen weiterhelfen lassen, desto mehr werden wir gemeinsam aufblühen.

Ich finde es toll, was die Bibel zum Thema Freunde zu
sagen hat und wie viel Kraft in Freundschaften steckt:

*Duftendes Öl und Weihrauch erfreuen das Herz,
aber noch angenehmer und wertvoller ist der gute
Rat eines Freundes. (Sprüche 27,9 HFA)*

Dein Coaching und die Ermutigung, die du deinen
Freunden gibst, sind wertvoll und kostbar. Du kannst
eine geistliche Mutter oder ein geistlicher Vater sein.
Nimm diese Chance wahr und gib deinen kostbaren
Schatz an jüngere Menschen weiter! Gott möchte dich
dazu gebrauchen, ganz gleich, wie alt du bist. Du bist
wichtig und du trägst viele Kostbarkeiten in dir. All deine
Lebenserfahrung und deine Erlebnisse mit Gott können

anderen Menschen weiterhelfen. Damit kannst du auf dieser Welt enorme Segensspuren hinterlassen.

FREUDENBOTINNEN

Als wir in Stuttgart mit unserer Ladies Conference starteten, wurde mir ein Vers aus der Bibel wichtig:

Wie lieblich sind auf den Bergen
die Füße der Freudenboten
(oder der Freudenbotinnen), *die da*
Frieden verkündigen,
Gutes predigen,
Heil verkündigen,
die da sagen zu Zion: Dein Gott ist König!
(Jesaja 52,7 LUT)

Was für eine Kraft steckt in diesem Vers! Du bist eine Freudenbotin oder ein Freudenbote, weil du den Heiligen Geist in dir hast. Du hast die genialste Botschaft, die es überhaupt gibt. Du kannst deine Freundin oder deinen Freund nicht nur mit netten Worten bestätigen, sondern in der Kraft Gottes stärken. Ich möchte dich ermutigen, eine Botin der Freude zu sein. Denn dadurch werden Menschen in deinem Umfeld beschenkt und geheilt werden.

Das Wort »lieblich« gefällt mir. Wir leben in einer egoistischen und oft lieblosen Welt und viele Menschen denken vor allem an sich selbst. Doch hier wird beschrieben, wie lieblich es ist, wenn wir andere Menschen im Blick haben. Genau du kannst so eine liebliche Person sein. Die Berge, auf denen die Füße der Freudenboten unterwegs sind, gibt es auch im Flachland – sie stehen für die Probleme und Herausforderungen deiner Freunde. Wie schön ist es doch, wenn dann in einer herausfordernden Situation eine Freundin über diesen Berg kommt. Weißt du, als Freundin kannst du den Berg wie von außen betrachten und neue Aspekte der Hoffnung in die Situation bringen. Oder ihr überwindet den Berg gemeinsam.

Freundinnen, die ihre Freundschaft
in der Kraft des Heiligen Geistes
pflegen, erleben übernatürliche
Stärke und Freude.

Kurz nach meiner Schulzeit fuhr ich mit meiner Schulfreundin mit dem Fahrrad über zwei Alpenpässe. Wir waren überzeugt, auch den Gotthardpass mit Leichtigkeit schaffen zu können. Immerhin waren wir damals unglaublich fit und die besten Sportlerinnen unserer Schule. Doch diese Fahrt kostete uns alles. Wir kämpften uns mit unseren Fünf-Gang-Rädern auf diesen unglaublich hohen Berg. Ständig feuerten wir uns gegenseitig an und ließen nicht locker, bis wir oben auf der Passhöhe einen Teller Pommes genießen konnten. In unserer Zweisamkeit lag eine unglaubliche Kraft. Alleine hätte ich diesen Berg niemals geschafft und ich hätte sicher auf halbem Weg aufgeben müssen.

So hatte ich immer wieder Freundinnen, die mich nicht nur in sportlichen, sondern auch in emotionalen Herausforderungen ermutigt und unterstützt haben – und ich sie. Freudenbotinnen! Manchmal werden wir in unserer eigenen Situation wie betriebsblind und können fast nicht mehr klar denken. In solchen Momenten ist es dann einfach nur genial, wenn eine Freudenbotin oder ein Freudenbote vorbeikommt – und genau du kannst solch ein Bote sein.

LIEBE VERSCHENKEN

In der Bibel gibt es eine Geschichte von zwei Hebammen (2. Mose 1,15-21). Diese beiden hebräischen Frauen bekamen vom Pharao den Auftrag, alle hebräischen Jungen während der Geburtshilfe umzubringen. Doch diese beiden Frauen ehrten Gott und leisteten diesem Befehl deshalb keinen Gehorsam. Als Frauen ließen sie sich von ihrer inneren Stimme leiten, hielten zusammen und setzten sich für das Leben der kleinen Kinder ein, obwohl sie dabei ihr eigenes Leben aufs Spiel setzten.

Diese Hebammen waren die Freudenbotinnen ihrer Zeit. Auch du kannst heute eine Freudenbotin oder ein Freudenbote sein und so die Liebe Gottes auf dieser Welt verschenken. Eine meiner Freundinnen sagt oft, wenn ich sie anrufe: »Das ist jetzt aber echt schön, dass du gerade anrufst!« Die Gemeinschaft unter Freundinnen ist eine der größten Perlen, die es gibt. Eine Frau fühlt sich wertvoll, wenn Freundinnen für sie da sind. Freundinnen, die ihre Freundschaft in der Kraft des Heiligen Geistes pflegen, erleben übernatürliche Stärke und Freude. Je mehr du den Geist Gottes in deinen Freundschaften wirksam werden lässt, desto entspannter wirst du das Richtige für deine Freunde tun. Lass dich von deiner inneren Stimme leiten und setze die Ideen um, die der Heilige Geist dir schenkt.

Ursula ist eine meiner besten Freundinnen. Vor einiger Zeit hat sie mich mit einem besonderen Geschenk überrascht. Sie hat beobachtet, wie ich mich immer wieder über meine Haare ärgere, weil sie bei feuchtem Wetter nicht mehr optimal liegen. So hat sie mir ein winzig kleines, goldenes Glätteeisen für die Handtasche geschenkt. Wirklich sehr aufmerksam! Pflege auch du deine Freundschaften und überrasche deine Freundinnen oder deine Freunde immer wieder mit Kleinigkeiten.

FÜREINANDER UND MITEINANDER

Wie sehr verstärkt sich die Kraft, wenn wir Christen alle zusammen füreinander Freudenbotinnen oder auch Freudenboten sind. Welche enorme Hoffnung wird verbreitet, wenn wir gemeinsam als Freudentruppe Gottes Geist über unseren Planeten versprühen. Die Bibel lehrt uns, dass wo zwei oder drei in seinem Namen unterwegs sind, er mitten unter ihnen ist. Freudenboten, die gemeinsam und in Einheit über die Berge kommen, haben eine unermessliche Stärke. Genau das ist die Vision unserer Kirche und somit auch die unserer Ladies Conference in Stuttgart. Seite an Seite bringen wir gemeinsam den anderen Frauen und Männern auf unserem Planeten Erde Frieden, Freude und Heil. Wo Frauen und Männer gemeinsam aufstehen und eine gemeinsame Vision im Herzen tragen, da werden übernatürliche Dinge geschehen und viele Menschen geheilt werden.

Wenn wir uns als Team treffen, um die Ladies Conference vorzubereiten, beginnen wir immer mit einer Zeit, in der wir auf den Heiligen Geist hören. Wir wissen ja nicht wirklich, was die Frauen dieser Welt brauchen. Aber der Heilige Geist will uns zeigen, welches Thema, welche Programmpunkte usw. für unsere Ladies Conference wichtig sind. Deshalb bereiten wir uns jedes Jahr unter der Leitung des Heiligen Geistes vor. Dabei kann jede Frau ihre Talente einbringen. Wir sind ein Team und jede einzelne Frau ist genauso wichtig. Ich selbst bin zwar die Leiterin dieser Konferenz, aber ohne mein Team könnte ich nichts ausrichten. Seite an Seite mit diesen großartigen Freudenbotinnen erzielen wir eine unglaublich starke Kraft. Durch unsere gemeinsame Botschaft können andere Frauen Heilung und Freude erleben. Wir als Freudenbotinnen stehen zusammen und können so die Herzen der Frauen gemeinsam erreichen.

Letztes Jahr kam eine junge Frau zu unserer Ladies Conference. Sie war frustriert und ging in keine Kirche mehr. Auf der Konferenz in Stuttgart begegnete Gott ihr neu und ihr Herz fand Heilung. Seitdem kommt sie jeden Sonntag in unseren Gottesdienst, gehört zu unserer Kirchenfamilie und arbeitet leidenschaftlich auch im Ladies-Conference-Team mit.

Ich wünsche mir, dass noch viele Frauen von der Liebe Gottes berührt und gestärkt werden, um dann selbst die Liebe Gottes weiterzugeben. Immer wieder hat der Heilige Geist in den Vorbereitungstreffen zu uns Frauen gesprochen. So hatte ich letztes Jahr den Eindruck, wir sollten für die Ladies Conference ein Andachtsbuch vorbereiten. Das war ein einfacher Gedanke, den der Heilige Geist mir ins Herz gelegt hatte. Danach begann ich zu schreiben und an der Konferenz konnten wir jeder Frau ein Exemplar von »Liebe dein Leben jeden Tag« als Geschenk überreichen. Heute ist dieses Andachtsbuch auf dem Buchmarkt sehr beliebt und ich bekomme viel positives Feedback dafür.

WIE *EIN* MANN

Ich bin überzeugt, je mehr wir aufstehen und als Freudenbotinnen mit unseren Füßen fest auf dem Boden stehen, desto mehr werden wir übernatürliche Dinge erleben. In der Gemeinschaft liegt eine unfassbare Stärke. Leider scheitern Frauen oft daran, dass sie sich miteinander vergleichen. Dabei gibt es Rangeleien, was wiederum zu Eifersucht und Streit führt. In der Bibel lesen wir in Sprüche 17,9 (HFA): »Wer über Fehler anderer hinwegsieht, gewinnt ihre Liebe; wer alte Fehler immer wieder ausgräbt, zerstört jede Freundschaft.« Wo Menschen zusammenarbeiten, gibt es immer wieder auch Konflikte und Uneinigkeit. Es gibt keine Gemeinde, in der alles perfekt läuft. Aber es gibt die Möglichkeit der Vergebung und des Neuanfangs. Nur so können Freundschaften bestehen bleiben.

Auch Eifersucht und Rangeleien müssen immer wieder ausgeräumt werden. Denn Eifersucht bringt dich keinen Schritt weiter, sondern führt dich in deine eigene Sackgasse. Je mehr du andere Frauen neben dir aufblühen lassen kannst, desto stärker wird deine eigene Position. Darum sei auch du eine Freudenbotin, die in innerer Stärke gemeinsam mit vielen anderen Frauen über die Berge kommt und andere ermutigt. Einheit ist so wichtig und bewirkt Großes. Die Bibel lehrt uns über die Musiker im Tempel:

Und es geschah, als die Trompeter und Sänger wie
ein Mann waren, um eine Stimme hören zu lassen,
den Herrn zu loben und zu preisen ... (2. Chronik
5,13 ELB)

Diese Freudenboten hatten Einheit, denn sie waren »wie ein Mann«. In dieser Stärke taten sie ihren Dienst und genau darin lag ihre Kraft. Diese Textstelle berührt mein Herz. Sie waren ganz klar in Einheit. Sie waren füreinander und nicht gegeneinander. Ich bin überzeugt, dass wir heutigen Christen von dieser Bibelstelle viel lernen können.

Gott sehnt sich nach Freudenbotinnen und Freudenboten, die zusammenstehen und in Einheit die Welt für Jesus einnehmen. Ich möchte dich ermutigen, jegliche Eifersucht und sämtliche Rangeleien aus deinem Leben zu verbannen. Lass uns nicht der Erweckung im Weg stehen, sondern mit anderen Frauen und Männern in Einheit aufstehen! Je mehr du Einheit und Liebe verbreitest, desto mehr übernatürliche Wunder erlebst du. Denke immer daran, Gott ist ein Gott der Liebesbeziehungen! Und diese göttliche Liebe soll in deinen Beziehungen wirksam sein und auf der ganzen Welt verbreitet werden.